Marc Grießer

Die Welt als Christ betrachten

Marc Grießer

Die Welt als Christ betrachten

Predigten zum Kirchenjahr

Fromm Verlag

Impressum/Imprint (nur für Deutschland/ only for Germany)
Bibliografische Information der Deutschen Nationalbibliothek: Die Deutsche Nationalbibliothek verzeichnet diese Publikation in der Deutschen Nationalbibliografie; detaillierte bibliografische Daten sind im Internet über http://dnb.d-nb.de abrufbar.

Contact:
International Book Market Service Ltd., 17 Rue Meldrum, Beau Bassin, 1713-01 Mauritius
Website: www.bookmarketservice.com
Email: info@bookmarketservice.com

Gedruckt in: USA, UK, Deutschland. Dieses Buch wurde nicht in Mauritius produziert.

Imprint (only for USA, GB)
Bibliographic information published by the Deutsche Nationalbibliothek: The Deutsche Nationalbibliothek lists this publication in the Deutsche Nationalbibliografie; detailed bibliographic data are available in the Internet at http://dnb.d-nb.de.

Contact:
International Book Market Service Ltd., 17 Rue Meldrum, Beau Bassin, 1713-01 Mauritius
Website: www.bookmarketservice.com
Email: info@bookmarketservice.com

Printed in: U.S.A., U.K., Germany. This book was not produced in Mauritius.

ISBN: 978-3-8416-0136-0

INHALT

Vorwort

Wer heute Christ sein will, braucht nicht nur einen starken Glauben, sondern auch ein dickes Fell – oder gute Argumente. Auch wenn volkskirchliche Strukturen – zumindest in Süddeutschland – irgendwie noch weiterexistieren, so sind die Inhalte des christlichen Glaubens den meisten Menschen offenbar fremd geworden. Die Frage nach Gott ist vielen gleichgültig, und wenn sie einer stellt, achtet er meist darauf, sie nicht in kirchlichen Zusammenhängen zu stellen. Das Christentum – vor allem in seiner kirchlichen Gestalt – wird als einengend und unmodern erlebt, kirchliche Rituale und kirchliche Sprache als fremd und lebensfern. Doch wen man Menschen fragt, was denn Christ-Sein bedeutet – auch wer das Christentum ablehnt, sollte wissen, was er ablehnt –, so erntet man meist Schweigen im Walde oder ein paar hilflose Antworten wie „dass man niemanden umbringt". Die Texte dieses Buch wollen ein kleiner Beitrag dazu sein, um klarer zu fassen, was das ist: Christ-Sein in unserer Zeit. Sie sind entstanden in der alltäglichen Arbeit eines Gemeindepfarrers und versuchen nachvollziehbare und verständliche Antworten auf Glaubensfragen heutiger Menschen zu geben. Ich danke vor allem Ulrike Krezdorn, die mir wertvolle Hilfe bei der Durchsicht des Manuskripts geleistet hat. Möge dieses Buch dem einen oder anderen einen Anstoß bei seiner Suche nach Gott geben.

Marc Grießer, im Juni 2011

ADVENTS- UND WEIHNACHTSZEIT

Frohbotschaft statt Drohbotschaft?

1. Adventssonntag (Lesejahr A; Mt 24,37-44)

„Frohbotschaft statt Drohbotschaft!", so lautete vor etwa 15 Jahren eine der Forderungen des so genannten Kirchenvolksbegehrens. Glaube soll ermutigen und zum Leben stärken und nicht Angst machen. Es ist schön, Forderungen zu stellen, denen jeder irgendwie zustimmen kann. Wenn man jedoch dem heutigen Evangelium genau zuhört, können erste Zweifel aufkommen. „Wie die Menschen in den Tagen vor der Flut aßen und tranken und heirateten . . . bis die Flut hereinbrach und alle wegraffte, so wird es auch bei der Ankunft des Menschensohnes (d.h. Jesu) sein." Gehört es doch zum Christentum, Angst vor Gott und seinem Letzten Gericht zu haben? Das ist typisch für die organisierte, traditionelle Religion, denken sich wohl nicht wenige und ziehen deshalb esoterische oder selbst gebastelte Formen von Religion vor oder reagieren einfach mit gleichgültigem Schulterzucken. Gibt es überhaupt ein Gottesbild, das ohne Angst auskommt? Gehört zum christlichen Glauben die Angst vor Gott wesentlich dazu?

Ich gebe zu, ein erster Impuls drängt mich dazu, die Frage mit „ja" zu beantworten. Ist es nicht so, dass die Worte Jesu in ihrer ganzen Ernsthaftigkeit die Leute aus der Gleichgültigkeit herausreißen sollen? Lässt sich das nicht in sehr einfacher Weise auf unsere Zeit übertragen? Wo Gott zum lieben Mann, zum Geschenke bringenden Nikolaus verniedlicht wird, verliert das Gottesbild seine Ernsthaftigkeit, und es geschieht, womit auch Jesus sich auseinanderzusetzen hatte: Gleichgültigkeit gegenüber Gott. Dennoch: Ernsthaftigkeit ist nicht Angst. Versuchen wir erst einmal besser zu verstehen, was Angst eigentlich ist. Die Psychologie unterscheidet im Wesentlichen zwei Formen von Angst. Da ist zunächst einmal die reale Angst, also die Wahrnehmung einer konkreten Bedrohung, z.B. eines bissigen Hundes oder – wem das zu harmlos ist – eines Bankräubers mit geladener Waffe. Diese Angst ist etwas Natürliches, eine notwendige Schutzfunktion. Davon zu unterscheiden ist die existentielle Angst, die keine unmittelbare Bedrohung zum Gegenstand hat. Sie ist schwerer fassbar, sie ist eine allgemeine Angst vor dem Leben und seinen unvermeidbaren Risiken, die mal stärker und mal schwächer ist. Im Bereich der Religion geht es offenbar um diese zweite Form der Angst, die existentielle Angst. Schon auf den ersten Blick lässt sich beobachten – so zumindest mein Eindruck –, dass zwar die Religion in unserer Gesellschaft unübersehbar am Schwinden ist, die existentiellen Ängste aber nicht kleiner werden – eher im Gegenteil. Gibt es nun doch irgendeinen Zusammenhang zwischen Religion und Angst in dieser beschriebenen Form?

Religion, Glauben – ich will diese Worte hier gleichbedeutend verwenden – beginnen damit, dass der endliche Mensch in irgendeiner Weise auf das Unendliche stößt, man kann wohl auch sagen: an das Unendliche stößt. Wie das genau aussieht – da gibt es so viele Möglichkeiten, wie es Menschen gibt. Für den einen kann es eine Krankheit sein, die ihm seine Endlichkeit schmerzlich bewusst werden lässt, für den anderen etwas weit weniger Spektakuläres, vielleicht ein Urlaub, eine Kur, die ihn aus den alltäglichen Vollzügen herausnimmt und ihn vor die Frage stellt, was wirklich zählt im Leben und ob das, was man sehen, hören, riechen, anfassen und schmecken kann, wirklich alles im Leben ist. Diese Erfahrung ist notwendig mit einem gewissen Schrecken verbunden, weil sie manche Oberflächlichkeit durchbricht und die eigene Endlichkeit deutlich ins Bewusstsein rückt. Wo der Mensch bei dieser Erfahrung stehen bleibt oder sie einfach ins Bild eines Herrscher-Gottes gefasst wird, da kann aus diesem Schrecken tatsächlich Angst werden – Angst vor Gott, vor dem Unendlichen. Jesus sagt uns etwas anderes. Das Unendliche, an das wir stoßen, ist Gott, der Vater, der Liebe und Mitmenschlichkeit ist. In der Erfahrung, dass wir uns selbst nicht gemacht haben, dass wir uns selbst gegeben und aufgegeben sind, steckt schon die Ahnung, dass Gott einer ist, der Leben in seiner Vielfalt und Fülle will. Wenn wir mit Jesus diesen Weg gehen, dann wird aus diesem ersten Schrecken etwas anderes, das ich eine Scheu vor dem unendlichen Gott nennen möchte. Ich weiß, dass solche Worte heute eher unbeliebt oder gar unbekannt sind, aber ich meine, dass so nicht nur Wesentliches in der Gottesbeziehung, sondern auch in unseren menschlichen Beziehungen verloren geht. Diese Scheu vor dem unendlichen Gott umfasst zweierlei: Klarheit und Ernsthaftigkeit auf der einen Seite – Jesus nennt das im Evangelium Wachsamkeit –, Wertschätzung und Achtung auf der anderen Seite. Die Frage nach Gott ist so entscheidend, dass sie eine klare Entscheidung braucht. Auch wer immer der Entscheidung ausweicht, trifft so eine Entscheidung, das ist es, was Jesus durch sein Beispiel mit der Sintflut und der Arche Noach deutlich macht. Die Beziehung zu Gott braucht auch Scheu im Sinne von Wertschätzung und Achtung. Ich nehme Gott nicht ernst, wenn ich meine, über ihn verfügen zu können oder einfach in sein Innerstes eindringen zu können. Gerade an dieser Stelle wird deutlich, wie diese Haltung der Scheu auch auf unsere menschlichen Beziehungen übertragbar ist. Aus christlicher Sicht kann es auch gar nicht anders sein, denn der Mensch ist nach Gottes Abbild geschaffen. Der andere verdient als Mitmensch nicht nur Klarheit, sondern auch Scheu im Sinn von Wertschätzung und Respekt. Wir leben in einer Zeit, die es offensichtlich als Ideal ansieht, Intimität nicht mehr zu kennen, sondern das Innerste und Persönlichste überall – z.B. im Fernsehen oder Internet – herauszuposaunen. So werden Beziehungen zerstört. Scheu vor dem anderen Menschen ist nichts Altmodisches oder Distanziertes, sondern die Achtung des Innersten des anderen als wertvoll und nicht zuletzt als verletzlich. Der deutsche Dichter Hans Carossa sagte einmal,

„einander sehr genau betrachten heißt schon einander unrecht tun." In diesem Sinne ist Scheu Voraussetzung für eine tiefe Beziehung – zu Gott und zu unseren Mitmenschen.

Angst vor Gott gehört also nicht zum christlichen Glauben. Wo der endliche Mensch auf bzw. an das Unendliche stößt, da gehört ein gewisser Schrecken zu dieser Erfahrung, weil der Mensch seine Endlichkeit so in besonderer Weise erlebt. Wenn der Mensch bei dieser Erfahrung stehen bleibt, kann aus diesem Schrecken Angst werden. Der christliche Glaube zeigt uns einen anderen Weg. Das Unendliche ist Gott, der Liebe und Mitmenschlichkeit in Person ist. So kann aus dem Schrecken etwas anderes, Tieferes und Kostbareres werden: Scheu vor dem unendlichen Gott, d.h. Klarheit und Ernsthaftigkeit, aber auch Wertschätzung und Achtung. Nur so kann eine tiefe Beziehung wachsen.

Heilung heißt Abschied-Nehmen von einem Schmerz

3. Adventssonntag (Lesejahr A; Jes 35,1-6a.10; Mt 11,2-11)

„Erfolg ist keiner der Namen Gottes", sagte der jüdische Religionsphilosoph Martin Buber. In unseren Tagen, in denen sich die Kirche auf einem permanenten Rückzugsgefecht zu befinden scheint – alles wird immer weniger, immer schwieriger –, mag ein solches Wort tröstlich sein. Dennoch – die Hoffnung bleibt, dass der Glaube in irgendeiner Weise das Leben bereichert, dass Gottes Wirken eben doch positiv – vielleicht darf man auch sagen: erfolgreich – in meinem Leben spürbar wird. Warum sollte ich sonst glauben? Wie sollte ich auch sonst erkennen, dass ich mit meinem Glauben auf dem richtigen Weg bin? „Geht und berichtet....Blinde sehen wieder, und Lahme gehen, Aussätzige werden rein, Taube hören; Tote stehen auf...Selig ist, wer an mir keinen Anstoß nimmt", antwortet Jesus auf die Frage, ob er der von Gott Gesandte ist, und greift dabei auf Verheißungen des Alten Testaments zurück, wie wir sie beispielsweise in der Lesung gehört haben. Ist das nicht – Jesu eigener Antwort folgend – der gesuchte Maßstab für Gottes Wirken in der Welt? Gott ist da, wo Heilung geschieht. Dann sieht es aber gerade in unserer Kirche düster aus. Von Heilung ist wenig die Rede und wohl noch weniger erfahrbar. Gehört die Erfahrung von Heilung zu unserem Glauben? Und wenn ja: Wo wird die heilende Dimension des Glaubens erfahrbar?

Eugen Biser, ein inzwischen hochbetagter Theologe, hat schon lange eingefordert, die therapeutische, also heilende Dimension des christlichen Glaubens wieder zu entdecken. Mir scheint, da spiegelt sich in unserer Zeit der Konflikt wider, der auch im heutigen Evangelium anklingt. Johannes und seine Jünger haben offensichtlich Schwierigkeiten mit diesem Jesus. Er scheint anders zu sein, als sie erwartet haben. Die Predigt des Johannes hat das kommende Gericht zum Inhalt gehabt, und Jesus spricht stattdessen von Heilungen als seinem göttlichen Ausweis, wenn man das so nennen will. Jesus scheint ihnen zu sanft, zu liberal zu sein. Doch den anderen passt er auch nicht, denen, die Johannes zwar gern zuhörten und ihn als exotisch und spannend erlebten, denen das Ganze aber dann doch zu extrem war. Bewegt Glaube sich in unseren Tagen nicht auch zwischen ähnlichen Extremen – zwischen traditionalistischen Erwartungen, alles müsse strenger sein, irgendwie wie früher auf der einen Seite und auf der anderen Seite einer Religiosität, die vor allem Unverbindlichkeit sucht, der es der christliche Glaube mit seiner Überzeugung, Gott habe sich in Jesus verbindlich und einzigartig gezeigt, doch nie recht machen kann? Es kommt nicht darauf an, nach rechts oder links zu schielen, um es den einen oder den anderen recht zu machen, sondern an Jesu Botschaft Maß zu nehmen und sie für unsere Zeit verständlich zu machen.

Heilung – wie sie die Bibel versteht – ist nie einfach nur eine körperliche Erholung, sondern immer zuerst und entscheidend ein inneres Geheilt-Werden, ein inneres Recht-Werden, das das endgültige Heil schon durchscheinen lässt und das dann auch im Leib seine Folgen zeigt, eben weil Leib und Seele eine Einheit sind. Heilung gründet in der Begegnung zwischen Gott und Mensch. Begegnung lässt sich aber nicht erzwingen, das erleben wir im zwischenmenschlichen Bereich. Zwei Menschen können aufeinander treffen, ohne sich wirklich zu begegnen, sie bleiben einander verschlossen. Man kann Begegnung vorbereiten, kann eine Atmosphäre schaffen, in der sie leichter möglich ist, und dennoch kann sie scheitern. Begegnung ist nicht machbar, weil jede Person ein Geheimnis ist und bleiben muss, es ist die Würde und die Freiheit jedes Einzelnen, nicht fassbar und nicht berechenbar zu sein. Eben das gilt auch in der Begegnung zwischen Gott und Mensch, weil auch Gott und Mensch – ich glaube man kann das in gewisser Weise auch so sagen – voreinander ihre Würde und ihre Freiheit haben. Ich kann also auch im Glauben die Erfahrung des Geheilt-Werdens nicht erzwingen. Sie ist nur möglich in dem, was die Bibel den „Kairos" nennt, den rechten Moment, den es zu erkennen gilt, der aber nicht zu erzwingen ist. So unglaublich schwer das manchmal zu ertragen ist – nur so bleibt die Würde und das innerste Sein des Menschen und ebenso die Würde und das innerste Sein Gottes gewahrt.

Heilung ist nie nur ein punktuelles Geschehen, so dass plötzlich alles anders ist. An einer anderen Stelle spricht Jesus einmal davon, dass die Dämonen gern in einen Menschen zurückkehren. Auch wenn das für uns in einer fremden, ja befremdlichen Sprache gesagt ist, so drückt sich darin wohl die wichtige Erfahrung aus, dass Heilung scheitert, wenn sie nur als ein solch punktuelles Geschehen missverstanden wird. Die Psychologie sagt uns heute, dass Menschen ihren Schmerz und die damit zusammenhängenden Strukturen auch als etwas Vertrautes erleben können, während Heilung etwas Neues bringt, das auch Angst machen kann. Heilung ist folglich nie nur das Geschehen eines Augenblicks, sondern ein mehr oder weniger langwieriges Abschied-Nehmen von einem Schmerz. Dies ist – auch wenn das vielleicht zunächst ein bisschen seltsam klingt – nicht immer nur einfach, weil es notwendigerweise Neues und Veränderungen mit sich bringt, es erfordert loszulassen. So ungewöhnlich das klingen mag: möglicherweise ist auch ein solcher Abschied von einem Schmerz manchmal einer mit einem lachenden und einem weinenden Auge. Dass unser Gott in diesem Sinne ein heilender Gott ist, kann besonders einleuchten, denn er ist ein Gott des Loslassens, weil er selbst Mensch geworden ist. Obwohl er es nicht musste, hat er in seiner Menschwerdung etwas ganz und gar Neues gewagt – um uns zu begegnen.

Die Erfahrung von Heilung gehört zu unserem Glauben dazu, aber sie kann nicht einfach zum Erfolgskriterium für den richtigen Glauben gemacht werden, weil Heilung in der Begegnung mit Gott gründet. Begegnung ist nicht machbar; auch Gott und Mensch haben voreinander ihre Würde und ihre Freiheit. Glauben ist ein Beziehungsgeschehen, das nicht einfach an äußeren Kriterien messbar ist. Heilung ist nie einfach nur das Geschehen eines Augenblicks, auch wenn diese Sicht der Dinge sehr verführerisch ist, da sie dem Menschen eine Leichtigkeit vorgaukelt, die aber nicht der Wirklichkeit entspricht. Heilung ist das oft genug langwierige Abschied-Nehmen von einem Schmerz, das Mühe und Mut kostet, weil es auch Neues und Unvertrautes mit sich bringt. Heilung ist – je länger das Leiden dauert – eine mühsame und schwierige Angelegenheit, und man mag sich gelegentlich ernüchtert und enttäuscht fragen, warum das so ist. Gewiss keine Antwort, aber doch eine Ahnung mag uns die Einsicht geben, dass dort, wo alles wie von Zauberhand gelingt, meine Persönlichkeit letztlich verschwindet. Dass ich „ich" bin, erfahre ich eben gerade da, wo mein Inneres Widerstand leistet und sich nicht einfach beliebig formen lässt – umso stärker und nachhaltiger ist dann die Erfahrung des Geheilt-Werdens.

Gottes Wille bringt das Beste in uns zum Vorschein: unsere Fähigkeit zu lieben!

4. Adventssonntag (Lesejahr A; Mt 1,18-24)

„Dein Wille geschehe" – so beten wir im Vater Unser. Die Religionskritik des 19. Jahrhunderts sah diese Bereitschaft, Gottes Willen zu tun, als Selbstentfremdung des Menschen an. Längst ist diese Sicht der Dinge Allgemeingut geworden. Ich muss mich selbst finden, mich entfalten, anstatt das zu tun, was eine fremde Macht mir aufzwingen will, ein Gott, der uns seinen Willen befiehlt, das passt in vergangene Zeiten, in demokratischen und aufgeklärten Zeiten wie den unseren haben solche Gedankenspiele keinen Platz mehr. Wie gehen wir, die wir auch Kinder unserer Zeit sind, damit um? Beten wir eben diese Worte des Vater Unsers einfach automatisch, oder wagen wir die Begegnung mit dem Denken der Mehrheit? Was heißt es, Gottes Willen zu tun?

Aus theologischer Sicht ist die Sache eindeutig. Der Mensch ist Gottes Geschöpf, ja noch mehr: die biblische Schöpfungsgeschichte sagt, er ist Gottes Ebenbild. Die Beziehung zu Gott gehört also zum Wesen des Menschen, je mehr er auf Gott zugeht, desto mehr findet er zu sich selbst. „Unruhig ist unser Herz, bis es ruht in dir", betete der heilige Augustinus. So weit, so gut. Ich gebe zu, dass trotzdem viele Fragen offen bleiben. Wo findet sich denn der Wille Gottes? Einfach in der Bibel? Wie soll ein mehrere Tausend Jahre altes Buch mir sagen, was ich heute tun soll? Ist der Wille Gottes am Ende die Lehre der Kirche? So bleibt doch nur der Eindruck, dass mir etwas von außen aufgezwängt wird. Den entscheidenden Hinweis gibt uns die Gestalt des Josef, wie ihn Matthäus im heutigen Evangelium schildert. Er war – so heißt es – ein gerechter Mann. In der Sprache der Bibel bedeutet das, dass er Gottes Willen tat. Doch – oh Wunder – was tut er? Er folgt den Gesetzen Gottes, wie sie die Schriftgelehrten seiner Zeit in der Bibel erkannten, nicht! Seine Verlobte Maria verstieß offensichtlich gegen das sechste der Zehn Gebote – sie hatte – so musste er denken – Ehebruch begangen, denn sie erwartete ein Kind! Nach damaligem Recht war die Verlobung bereits das rechtsgültige Eheversprechen, die Hochzeit war – wenn man so will – nur dass Fest anlässlich der Gründung des gemeinsamen Haushalts. Doch Josef will sich in aller Stille von ihr trennen, das bedeutet, er verzichtet auf die Bestrafung Marias. Ihre Strafe wäre der Tod durch Steinigung gewesen. Verstieß Josef nun gegen Gottes Gebot, das – nach Ansicht der Schriftgelehrten – die Steinigung doch vorschrieb? Dabei heißt es, Josef wollte sich in aller Stille von Maria trennen, weil er ein gerechter Mann war. Gottes Willen zu tun, heißt offensichtlich etwas Anderes, als nur Regeln oder Gebote zu erfüllen. Nicht umsonst ist Matthäus auch der Evangelist, der uns die Bergpredigt überliefert. Diese scheint mir in gewisser Weise den Schlüssel zum Verhalten des Josef zu liefern. Während der ganzen Geschichte des Christentums ist über die Worte der Bergpredigt gestritten worden: gelten diese Worte, die die Feindesliebe und das Hinhalten der anderen Wange einfordern, vielleicht nur im übertragenen oder eingeschränkten Sinn? Oder sollen sie uns vielleicht nur unsere Erlösungsbedürftigkeit vor Augen führen, weil wir sie ohnehin nicht erfüllen können? All diese Positionen wurden so oder so ähnlich im Laufe der Zeit vertreten. Ich meine, dass sie alle das Wesentliche nicht treffen. Es geht m.E. Jesus nicht darum, eine Vielzahl von Fällen zu konstruieren, damit möglichst für jede Situation eine Regel vorhanden ist, sondern er verlangt, in allen Lebenslagen ein Handeln aus Liebe. Immer wieder muss erläutert werden, dass die Liebe, von der hier die Rede ist, keine Sympathie oder Freundschaft meint, sondern schlicht und einfach die Bereitschaft zu helfen. Die altgriechische Sprache, in der das Neue Testament geschrieben ist, vermag feiner zu unterscheiden, als das im Deutschen möglich ist. Jesus verlangt also ein Handeln aus so verstandener Liebe in jeder Situation. Die Liebe braucht Regeln, die sie stützen und ihr helfen, so wie unser alltäglicher Umgang auch bestimmte Umgangsformen braucht. Sie erschöpft sich aber niemals in Regeln und Geboten, sonst wird sie zur Bürokratie und nicht mehr zur lebendigen Begegnung von Menschen, sie erstickt dann am kleinlichen Aufrechnen. Muss ich das für den Anderen noch tun, oder verlangt das das Gebot nicht mehr? Solche Fragen sind dem Denken Jesu fremd. Die Liebe hat in gewissem Sinne Grenzen, aber die liegen nicht da, wo es eine Regel vorschreibt, sondern wo ich nicht mehr freiwillig etwas tue, sondern von Anderen – sei es offen oder verdeckt – genötigt werde und da wo ich nichts Gutes mehr bewirke, sondern nur noch Strukturen der Abhängigkeit fördere.

Der heilige Ignatius von Loyola, ein großer Kenner der menschlichen Seele, hilft uns, dies noch ein bisschen besser zu verstehen. Er ist – man kann das wohl so sagen – der Erfinder der Exerzitien, also geistlicher Übungen, um sich über den eigenen Weg und die eigene Berufung klar zu werden. In den Anleitungen dazu schreibt er, dass die Mensch besonders darauf achten sollen, dass das Böse oft unter dem Anschein des Guten an uns herantritt – und umgekehrt das Gute unter dem Anschein des Bösen. Mir scheint es oft so zu sein, dass man viele Gründe findet, etwas Gutes nicht zu tun, weil dies oder jenes dagegen spricht, weil es sich nicht gehört usw. Der selige John Henry Newman beschäftigte sich in seiner Theologie viel mit dem Gewissen, und er sagte, dass meist die erste Regung, die wir in unserem Gewissen wahrnehmen, die richtige ist, danach haben wir wieder viel zu viel Zeit, uns auszudenken, warum wir den bequemen Weg gehen sollten. Hätte nicht auch Josef einfach sagen können, es gehört sich so, dass Maria bestraft wird, ich bin nicht ungerecht, sondern erfülle nur das Gebot Gottes?

Er handelte aber aus Liebe und Barmherzigkeit und seinem Gewissen folgend, als er Maria nicht der Strafe aussetzte. Gottes Willen zu tun, heißt nicht einfach nur, Regeln und Gebote zu befolgen. Jesus fordert von seinen Jüngern, in jeder Situation aus Liebe zu handeln, d.h. bereit sein zu helfen. Die Liebe braucht Regeln, die sie stützen, die das Leben erleichtern, so wie der Straßenverkehr ohne Regeln auch nicht möglich ist. Jesus verweist Menschen auch ausdrücklich auf die Zehn Gebote, aber die Liebe erschöpft sich nicht darin. Nur so bleibt sie lebendige Begegnung von Menschen und wird nicht zum bürokratischen Aufrechnen. Zu viele Regeln können uns auch zu schnell Gründe an die Hand geben, warum wir nicht helfen müssen. Gerade da ist der Ratschlag des seligen John Henry Newman so wichtig. Die erste Regung des Gewissens ist meist die richtige. Gottes Willen zu tun ist also kein stumpfes Gehorchen, sondern fordert den Einsatz des ganzen Menschen mit all seinen Kräften und Möglichkeit, um so das Beste im Menschen zum Vorschein zu bringen: seine Fähigkeit zu lieben. So betrachtet kann der stille Mann im Hintergrund, der Josef in den adventlichen und weihnachtlichen Texten meist ist, zum Vorbild werden. Er war eben ein gerechter Mann.

Die Welt verliert sich selbst, wenn sie nicht mehr hinter die Dinge sehen kann!

Weihnachten 2010

„Religionen haben seit Jahrtausenden dasselbe Problem. Sie müssen etwas verkaufen, was noch nie jemand gesehen hat", so brachte ein Kabarettist auf den Punkt, was wohl in besonderem Maße für unsere Zeit gilt. Der Glaube an einen unsichtbaren Gott hat kaum noch eine Chance gegen die Macht der Bilder. Nichts ist heute mehr im Verborgenen, alles kann in Sekundenschnelle übers Internet abgerufen werden, jedes Bild, jede Neuigkeit, jede Peinlichkeit ist sofort sichtbar, ja noch mehr: sie ist allgegenwärtig. Nur was am Computer abrufbar ist, nur was mit unseren Sinnen erfasst werden kann, existiert, alles andere mag Betäubung in schweren Stunden sein, ein bisschen Sentimentalität am Ende des Jahres, aber mehr auch nicht, mit der Wirklichkeit hat das nichts zu tun – so der Glaube der Mehrheit, die doch zumeist meint, eigentlich gar keinen Glauben zu haben. Wie kann man an einen unsichtbaren Gott glauben – mitten in unserer Welt der allgegenwärtigen, stets abrufbaren Bilder?

Die Macht der Bilder ist unbezweifelbar groß, dennoch spielt das Unsichtbare in unserem Leben eine sehr viel größere Rolle, als man zunächst meinen könnte, oder will irgendjemand behaupten, er wisse alles über mich, nur weil er mich ganz genau gesehen hat? Würde ich alles über einen Menschen wissen, selbst wenn er mir jede Einzelheit seines Lebens erzählen könnte? Ist das, was ich mit meinen Sinnen wahrnehmen kann, der ganze Mensch? Wohl niemand wird diese Fragen ernsthaft mit „ja" beantworten. Jeder Mensch ist mehr als, das was man sehen oder mit anderen Sinnen erfassen kann. Jeder Mensch ist ein Wesen, in dem Sichtbares und Unsichtbares ineinander verschränkt sind und zusammengehören. Das ist es, was das menschliche Miteinander erst spannend oder man könnte schlicht auch sagen: erst menschlich macht. Wenn zwei Menschen einander begegnen, versuchen sie den Blick, das Lächeln, die Körpersprache des Anderen zu deuten – bewusst oder unbewusst –, das Sichtbare spielt eine große Rolle, aber als Spiegel des Unsichtbaren: was will der Andere mit diesem Blick oder jenem Lächeln sagen, mag er mich, oder macht er sich über mich lustig? Das Äußere allein kann täuschen, ein Bild erzählt immer nur einen Teil der Geschichte. Was ich sehen kann, ist eben nur das Äußere, in gewisser Weise spiegelt sich darin das Innere des Menschen, aber der Mensch erschöpft sich nicht darin. Wären wir Menschen nur das, was man sehen kann, so wären wir keine Menschen, nur indem unser Inneres, das keiner sehen kann, ins Spiel kommt, gibt es Freiheit, Phantasie, Humor und echte Menschlichkeit. Dieses Ineinander von Sichtbarem und Unsichtbarem gehört also wesentlich zu unserem Mensch-Sein dazu.

Wenn wir Menschen so beschaffen sind, dann ist es nicht unmöglich, auch an einen Gott zu glauben, der dieses Ineinander von Sichtbarem und Unsichtbarem ebenfalls aufweist –

genau das feiern wir an Weihnachten. Der unsichtbare Gott wird ein sichtbarer Mensch, der unsichtbare Gott spiegelt sich in einem sichtbaren Menschen – das ist der Beschaffenheit des Menschen nicht unähnlich: das Innere des Menschen, das keiner sehen kann, spiegelt sich in seinem Äußeren. Mag die Macht der Bilder auch noch so groß sein, Menschen sind wir nur, wenn wir auch auf das achten, was man nicht sehen kann, Begegnung ist anders gar nicht möglich. Wenn Gott sich uns zeigen will, dann muss er es so tun, dass wir ihn verstehen können, muss er unserer Beschaffenheit entgegenkommen, das ist die Botschaft von Weihnachten, die es so nirgends sonst gibt: Vergleichbar mit dem Inneren des Menschen, das keiner sehen kann, das sich aber in seinem Äußeren spiegelt, spiegelt sich das Innere Gottes in einem sichtbaren Menschen. Was der Mensch von sich selbst kennt – dieses Ineinander von Sichtbarem und Unsichtbarem – kann er nun in gewisser Weise in Gott wieder finden.

So gesehen mag es nicht unmöglich sein, an diesen, den menschgewordenen Gott zu glauben, doch viele wenden heutzutage ein, das unsichtbare Innere des Menschen sei doch nur eine Täuschung, eine Funktion der verschiedenen Organe, die man doch unbezweifelbar sehen kann; so wie Liebe nur einen chemische Reaktion sei usw. Werfen wir noch mal einen Blick auf menschliche Begegnungen, in denen wir das Ineinander von Sichtbarem und Unsichtbarem erkannt haben. Selbstverständlich spielt das Äußere eine große Rolle – es wäre wahrlich unklug das abzustreiten –, aber wer würde ernsthaft behaupten, das Äußere eines Menschen sei das Eigentliche, sei sein innerstes Wesen, wer würde ernsthaft behaupten, ein Chirurg kennt einen Menschen besser als sein bester Freund, nur weil der Chirurg sein Gehirn operiert und so gesehen hat? Eine kleine Anekdote mag das verdeutlichen. Ein Raumfahrer prahlt damit, er habe im Weltraum noch keinen Gott gesehen, der Chirurg antwortet ihm, er habe viele Gehirne operiert, aber noch keinen Gedanken gesehen. Das Eigentliche des Menschen ist unsichtbar, unser Inneres ist unser Ausgangspunkt, von dem wir aus die Welt erleben, ist das, was wir als das Eigentliche erfahren, das mehr ist als unsere Organe. Wer das zur Täuschung erklärt, muss die ganze Welt und unser Dasein zur Täuschung erklären. Wenn dem aber so ist, wenn im unsichtbaren Inneren des Mensch sich sein eigentliches Wesen verbirgt, dann kann der Mensch nicht nur von der sichtbaren Materie abstammen – dann stammt er aus dem unsichtbaren Grund allen Daseins: aus Gott. Durch die Menschwerdung in Jesus entdecken wir in Gott das Ineinander von Unsichtbarem und Sichtbarem, wie wir es von uns selbst kennen. Durch diese Offenheit für den sichtbar-unsichtbaren Gott, erkennen wir ihn als Grund unseres Daseins: Der Mensch ist mehr als das, was man mit den Sinnen erfassen kann und so gründet er in dem, der nie durch unsere Sinne erschöpfend erfasst werden kann, der vor aller Sinneserfahrung war und ist: in Gott. Der sichtbar-unsichtbare Mensch stammt vom sichtbar-unsichtbaren Gott.

Es ist besonders schwer in unserer Zeit, die so sehr von der Macht der Bilder beherrscht ist, das Unsichtbare ins Spiel zu bringen, ob es sich letztlich als vergeblich erweist, wird die Zeit zeigen. Eines ist sicher: Wenn wir das Unsichtbare ausklammern, verlieren wir nicht nur Gott, sondern auch uns selbst. Der Mensch ist ein Wesen, in dem Sichtbares und Unsichtbares ineinander verschränkt sind und zusammengehören. Das Äußere ist Spiegel des Inneren, das keiner sehen kann. Eben diese Beschaffenheit können wir auch in Gott erkennen – das ist die Botschaft von Weihnachten: Der unsichtbare Gott zeigt sich, spiegelt sich im Menschen Jesus – vergleichbar dem Inneren des Menschen, das sich in seinem Äußeren zeigt. Das Innere des Menschen ist das, was wir als das Eigentliche wahrnehmen, wenn dem so ist, so muss der Mensch in dem gründen, der vor aller Sinneserfahrung war und ist: in Gott. Auch eine Welt der Bilder – mag sie noch so groß, so mächtig, so schillernd sein – fällt zusammen wie ein Kartenhaus, wenn sie es verlernt, hinter die Dinge zu sehen.

„Aus Schatten und Bildern zur Wahrheit"

Taufe des Herrn (Lesejahr A; Jes 42,5a.1-4.6-7; Mt 3,13-17)

„Aus Schatten und Bildern zur Wahrheit", diese Worte wählte der selige John Henry Newman, Religionsphilosoph und Theologe des 19. Jahrhunderts, für seine Gedenkplatte auf dem Friedhof in Birmingham. Sie spiegeln seine lebenslange Suche nach der Wahrheit wider, für die er so vieles in Kauf genommen hatte. Wie fremd muss eine solche Haltung doch den Menschen unserer Zeit sein! Wahrheit – dieser Begriff lässt sich für die meisten doch nur noch darauf anwenden, ob mir einer die richtige Uhrzeit oder das korrekte Fußballergebnis gesagt hat. Wenn es darüber hinausgeht, wenn es also um die grundsätzlichen Fragen des Mensch-Seins geht, dann heißt es gleich: das muss jeder selbst wissen, jeder hat seine eigene Wahrheit. Sicher, jeder sieht aus einem anderen Blickwinkel auf die Wirklichkeit, aber deshalb leben wir doch nicht in verschiedenen Welten, ein Baum bleibt ein Baum, auch wenn zwei Menschen ihn aus unterschiedlichen Richtungen betrachten und ihn folglich unterschiedlich beschreiben. Wahrheit ist das Aufleuchten der Wirklichkeit, wie sie tatsächlich ist, ein Berührt-Werden durch die Wirklichkeit, ein Aufscheinen des eigentlichen Wesens von Gott und Mensch. Wenn wir Menschen die Suche nach der Wahrheit aufgeben, driftet jeder in seine eigene Schein-Welt ab, die irgendwann zerplatzt. Wo und wie scheint aber nun etwas von der Wahrheit auf, wie lässt sich ihr auf die Spur kommen?

„Lass es nur zu! Denn nur so können wir die Gerechtigkeit . . . ganz erfüllen", sagt Jesus im heutigen Evangelium. Jesus muss ganz Mensch werden, mit allem, was dazugehört, er muss ganz hinabsteigen und so nimmt er auch die Bußtaufe des Johannes auf sich. Er weicht der ganzen Wahrheit des Mensch-Seins nicht aus, ist sich für nichts zu schade. Wir sind heute zu sehr an Halbwahrheiten gewohnt, die in gewisser Weise sogar schlimmer sind als Unwahrheiten, denn sie umgeben sich ja immer noch mit dem Mantel der Wahrheit. Ein bisschen was ist ja dran. Ich meine jetzt nicht, wenn einer nach der Uhrzeit gefragt wird und sich um ein paar Minuten in der Zeit verschätzt, es geht mir um die Wahrheit in Glauben, Hoffnung, Liebe, Vertrauen, Freundschaft usw. Ich meine auch nicht die Vorläufigkeit unserer Erkenntnis, es ist oft schwierig zu erkennen, wie ich zu einem anderen Menschen wirklich stehe und noch schwieriger eine solche Beziehung auszusprechen – ist der andere ein Freund, dem ich vertrauen kann, oder nur ein guter Bekannter? –; nein, ich meine, wenn ich solche Erkenntnisse nur ein bisschen verdrehe, wenn ich beispielsweise über ein Vertrauensverhältnis etwas sage, das nicht ganz der Wahrheit entspricht, um in einem besseren Licht dazustehen oder einfach meine Ruhe zu haben. So wird die Wahrheit zugedeckt und ausgeschlossen. Das gilt auch im Bereich der Religion, auch da dreht mancher gern ein bisschen an der Wahrheit, bis Gott – oder vorzugsweise das Göttliche – so ist, wie man es gern hätte oder es einem halt gut tut. Die Frage muss aber heißen, „was ist der Mensch", „was ist Gott" und nicht: „wie hätten sie's denn gern?"

In solchen Grundfragen des Lebens heißt, ein bisschen an der Wahrheit zu drehen, die Wahrheit auszuschließen. Die Versuchung, so etwas zu tun, ist groß, denn die Wahrheit ist oft unbequem und entzieht sich einer zügigen Aufdeckung. Das macht es gerade in unserer Zeit schwierig, in der selbst in Fernsehkrimis der Mörder schneller gefasst werden muss, damit noch ein paar Werbeböcke untergebracht werden können. Zeit hat heute niemand mehr. „Das geknickte Rohr zerbricht er nicht, und den glimmenden Docht löscht er nicht aus", heißt es in der Lesung über den Gottesknecht, in dem schon die ersten Christen Jesus erkannt haben. Die Wahrheit scheint nur dem auf, der Zeit und Geduld hat. Gerade menschliche Beziehungen zeigen uns das doch sehr klar. Wenn Menschen Schwierigkeiten miteinander haben, die nicht einfach nur irgendwelche Sachfragen betreffen, lässt sich das nicht kurz zwischen Tür und Angel klären, es braucht Zeit, Geduld und Respekt voreinander, um die Wahrheit zu finden und auf den Tisch zu legen. Warum ist das so? In der Bibel ist das Licht oft ein Bild für die Wahrheit, eben weil es die Welt sichtbar macht. Aber was ist Licht? Wer Licht beschreiben will, braucht viele Worte: Helligkeit, Klarheit, Wärme, Farben usw. Einem Blindgeborenen kann man es wohl gar nicht erklären. Es bleibt auch für den Sehenden immer ein Überschuss, den man nur erleben, nicht beschreiben kann. So ähnlich ist auch die Wahrheit, sie ist immer mehr, als man in Worte bringen kann, mehr als man erkennen kann, darum braucht es so viel Geduld, um wenigstens etwas von ihr zu erkennen. Der christliche Glaube hat eine – und wie ich finde die einzig einleuchtende – Erklärung dafür: der unendliche Gott selbst ist die Wahrheit.

Johannes der Täufer protestiert gegen die Taufe Jesu, weil er darin eine Umkehr der Verhältnisse sieht, er müsste von Jesus getauft werden und nicht umgekehrt, doch Jesus beharrt auf dieser Rollenverteilung. Die Wahrheit scheint gerade dem auf, der von unten nach oben blickt. Dem Mächtigen, der hinabblickt, verstellen Angst und Sorge um seine Position oft genug den Blick für die Wahrheit. Das Evangelium von den Sterndeutern, das wir am Dreikönigstag gehört haben, stellte uns Herodes als einen solchen Machthaber vor. Die Wahrheit erschließt sich nur dem, der ihr offen entgegentritt, der bereit ist von ihr zu lernen. Wer schon in Gedanken ausrechnet, was er bei diesem oder jenem Ergebnis verliert, der wird die Wahrheit nicht erkennen. Mit einem schönen alten – und altmodischen – Wort könnte man sagen: Nur die Demut findet die Wahrheit. Es geht nicht darum, sich künstlich klein zu machen, sich selbst aufzugeben oder sein Licht unter den Scheffel zu stellen, sondern Jesus selbst nachzuahmen, wie er in den Jordan steigt und die Bußtaufe des Johannes auf sich nimmt: sozusagen von unten nach oben schauen, lernbereit sein, der Wahrheit mit leeren Händen entgegentreten.

„Aus Schatten und Bildern zur Wahrheit" – die Suche nach der Wahrheit gehört zu unserem Mensch-Sein dazu, auch wenn sie mühsam ist – und eben über viele Schatten und Bilder führt. Wer das abstreitet, sorgt nur dafür, dass menschliches Miteinander kaum noch möglich ist, weil jeder in seine eigene Schein-Welt abdriftet. So genannte Halbwahrheiten sind keine Zwischenstationen auf dem Weg zur Wahrheit. Wer ein bisschen an der Wahrheit dreht, um es bequemer zu haben, um in einem besseren Licht dazustehen, der hat am Ende nicht die halbe Wahrheit, sondern gar nichts – das gilt im menschlichen wie im religiösen Bereich. Nur dem, der Zeit und Geduld hat, strahlt etwas von der Wahrheit auf, weil Wahrheit nicht einfach in Worte oder Gedanken zu bringen ist, sie ist immer mehr als man erkennen kann. Sie ist Gott selbst. Nur wer gewissermaßen von unten nach oben blickt, wer offen der Wahrheit entgegentritt, wird etwas von ihr verstehen. Vielleicht geschieht dann für einen winzigen Augenblick, was das Evangelium beschreibt: dass der Himmel sich öffnet.

FASTEN- UND OSTERZEIT

Gehorsam und Freiheit müssen einander nicht widersprechen!

2. Fastensonntag (Lesejahr A; Gen 12,1-4a; Mt 17,1-9)

In den Konstitutionen, der Grundordnung des Jesuitenordens, steht jene Formulierung, die sprichwörtlich geworden ist. Wie ein toter Leib, wie ein Kadaver soll der Jesuit seinem Vorgesetzten gehorchen. Kadavergehorsam – das ist die schlimmste Form des Sich-Unterwerfens, der Versuch, die eigene Verantwortung aufzuheben und an einen Höheren abzuschieben. Mehr oder weniger alle Werte unserer Zeit stehen einer solchen Haltung entgegen. Der heilige Ignatius von Loyola, der Gründer des Jesuitenordens, hat diese Formulierung allerdings nicht erfunden, sie ist Teil der mittelalterlichen Frömmigkeit, auch der heilige Franziskus hat sie schon verwendet. Auch wenn diese Form des Gehorsams immer nur für wenige gelten sollte, so gründet sie doch in der Einsicht, dass der Gehorsam gegenüber Gottes Willen für alle Christen wesentlich ist. „Da zog Abram weg, wie der Herr ihm gesagt hatte", heißt es in der Lesung aus dem Buch Genesis. „Dies ist mein geliebter Sohn . . . , auf ihn sollt ihr hören", schreibt Matthäus in seinem Evangelium. Wie stehen wir als Menschen des 21. Jahrhunderts dazu? Bedeutet Glaube wirklich auch, Gott zu gehorchen, und wenn ja – wie soll das gehen, ohne dass wir einen inneren Widerstand spüren, weil wir uns – bewusst oder unbewusst – gegen Fremdbestimmung wehren?

Eine einfache Antwort scheint auf der Hand zu liegen. Wenn ich an Gott glaube – jedenfalls im christlichen Sinne –, dann glaube ich auch, dass der Mensch auf Gott hin geschaffen ist, dass die Beziehung zu Gott nichts ist, was dem Menschen fremd ist, sondern im Gegenteil wesentlich zu ihm gehört, dass der Mensch sich nicht selbst erlösen kann, weil er seine Sehnsucht nach dem umfassenden Glück nie selbst erfüllen kann. Der Mensch muss sich also an Gott ausrichten – um seiner selbst willen. So weit so gut – doch wir sind und bleiben auch Kinder unserer Zeit. Freiheit und Selbstbestimmung sind offenbar die höchsten Werte, wie kann da Gehorsam einsichtig werden, so dass auch nicht ein dumpfer, unbewusster Widerstand dagegen bleibt oder der Mensch sich aufspaltet in den Glaubenden, der den Gehorsam gegenüber Gott irgendwie schon annimmt, und den Menschen des Alltags, der die Werte von Freiheit und Selbstbestimmung ganz selbstverständlich bejaht?

Bevor die drei Jünger durch die göttliche Stimme aufgefordert werden, auf Jesus zu hören, machen sie eine ganz besondere Erfahrung, die die Tradition die Verklärung Jesu nennt. Offensichtlich versucht der Evangelist hier zu beschreiben, dass die Jünger erlebt haben, dass Jesus mehr als ein Mensch ist. „Sein Gesicht leuchtete wie die Sonne, und seine Kleider wurden . . . weiß wie das Licht." Dieses Erlebnis scheint wie eine Art Licht zu sein, das die Jünger erfasst hat. Erst aus dieser besonderen Einsicht heraus ergeht die Aufforderung, auf Jesus zu hören. So sagen wir ja auch in der Alltagssprache: jemandem geht ein Licht auf, oder: das leuchtet mir ein. Gehorsam heißt Hören auf das, was mir einleuchtet. Gehorsam bedeutet, dass sich mir – allmählich oder auch plötzlich – ein Sinnzusammenhang erschließt, der mich zum Handeln führt, ja geradezu nötigt – nicht durch Gewalt, sondern durch Einsicht. Mancher braucht beispielsweise die Erfahrung des eigenen Scheiterns, um zu verstehen, wie notwendig es ist dem, der am Boden liegt, zu helfen. Gehorsam bedeutet aber nicht einfach Hören auf das, was mir schmeckt und was mir in den Kram passt. Das wäre das Gegenteil von Gehorsam. Ich sagte: Hören auf das, was mir einleuchtet. Dieser Vorgang hat eine persönliche Seite, ich komme darin vor, als der, dem etwas einleuchtet, aber auch etwas von außen tritt hinzu, da ist eben dieses Licht, das nicht aus mir kommt, und das mir erst das Entscheidende enthüllt. Eben diese beiden Elemente gehören zum Gehorsam. Einerseits ich als Handelnder, als der, der etwas einsieht und sich entsprechend verhält, aber es braucht auch das andere, das Licht, das mir etwas erschließt und so mein Handeln ermöglicht. Gehorsam ist also lebendige Begegnung zwischen mir und etwas, das von außen an mich herantritt und mich zum Handeln führt. Fällt eines der beiden Elemente aus, geht etwas Wesentliches verloren. Nehme ich mich aus dem Geschehen als Handelnder heraus, entsteht blinder Gehorsam, der menschenunwürdig ist. Ein Mensch darf nicht einfach zum Werkzeug eines anderen werden. Ignatius von Loyola ging es übrigens auch nicht darum, sondern um die Bereitschaft eines freien Mannes, sich vom Papst überall hin senden zu lassen, um den Glauben in schwieriger Zeit zu verkünden. Klammere ich nun das andere, das mir begegnet, aus, verkümmere ich in meiner Selbstbezogenheit, Leben ist so eigentlich gar nicht möglich. Auch wer bestreitet zu gehorchen, wird durch seine Erfahrungen – und damit auch durch das, was von außen an ihn herantritt – geprägt. Gehorsam gehört also in dieser Weise zum Leben auch und gerade des freien Menschen dazu. Doch als Glaubende sehen wir noch tiefer. Gehorsam heißt Hören auf das, was uns einleuchtet. In dem Licht, das in uns einstrahlt, das uns zum Handeln führt, erkennen wir etwas nicht von Menschen Gemachtes, erkennen wir den Willen, der uns Menschen zum Leben führt und damit das Handeln Gottes.

Indem wir den Gehorsam als Teil der Gottesbeziehung ausgemacht haben, erschließt sich uns noch eine Seite des Gehorsams. Das Leben ist oft genug kompliziert, und wir müssen handeln, ohne dass wir sicher sind, müssen uns entscheiden, ohne völlige Klarheit gewonnen zu haben. Doch wenn wir Gott als den erkannt haben, der uns im Gehorsam begegnet, dann dürfen wir mit besonderem Recht sagen: Gehorsam ist auch Hören auf den, dem ich vertraue. Nicht umsonst erscheinen mit Jesus auf dem Berg der Verklärung Elija und Mose. Beide sind die entscheidenden Repräsentanten des Alten Testamentes. Den Jüngern wird so signalisiert: habt Vertrauen, auch wenn euch hier Neues begegnet, es steht in der Kontinuität zu den verlässlichen und bekannten Zeugen des Glaubens. Das Leben erfordert immer wieder auch ein Handeln ohne letzte Klarheit. Darum ist es als Glaubender vernünftig, auf Gott zu hören, als den, dem ich vertraue und glaube.

Gehorsam ist folglich nichts Unmenschliches, sondern taucht in der einen oder anderen Form auch im Leben des freien und selbstbestimmten Menschen auf. Es ist ein Hören auf das, was mir einleuchtet, also eine Begegnung zwischen mir und etwas, das von außen an mich herantritt, mir etwas zeigt und mich so zum Handeln führt. Als Glaubende erkennen wir darin Gott, der auf uns zugeht. Oft genug muss ich aber handeln, ohne wirkliche Klarheit gewonnen zu haben. Dann ist es als Glaubender vernünftig, auf Gott zu hören, als den, dem ich vertraue. Gehorsam ist Hören auf das, was mir einleuchtet und Hören auf den, dem ich vertraue – als Glaubender lässt sich das noch anders zusammenfassen: als die Hinwendung des freien Menschen zu Gott.

Die Frage „Wer bin ich?“ führt zur Frage nach Gott!

3. Fastensonntag (Lesejahr A; Joh 4,5-15.19b-26.39a.40-42)

Wird Religion bald überflüssig? Bücher, Podiumsdiskussionen und ähnliches setzen sich mit dieser Frage auseinander. Immer weniger Menschen interessieren sich für religiöse Fragen. Geradezu lächerlich erscheint da, was das heutige Evangelium behauptet. „Vielmehr wird das Wasser, das ich ihm gebe, in ihm zur sprudelnden Quelle, deren Wasser ewiges Leben schenkt“, sagt Jesus, und die Frau aus Samarien bittet ihn: „Herr, gib mir dieses Wasser.“ Der Glaube an Gott erscheint hier als etwas, das – wie das Wasser – ein Grundbedürfnis des Menschen stillt, ja sogar noch mehr: Während Wasser und Nahrung den Menschen nur zeitweise zufrieden stellen, stillt der Glaube ein Grundbedürfnis des Menschen für immer – behauptet Jesus. Lässt sich diese Sicht der Dinge im 21. Jahrhundert noch aufrechterhalten? Sind nicht die vielen Menschen, die heute ohne irgendeine Religion mehr oder weniger zufrieden ihr Leben leben, ein schlagender Beweis gegen diese Behauptung? Ist der Glaube an Gott – oder sagen wir es vorsichtiger: die Frage nach Gott – wirklich ein Bedürfnis des Menschen, wenn so viele Menschen offenbar diese Frage gar nicht stellen?

„Not lehrt beten“, „den Menschen geht es heute zu gut.“ Diese Sätze hört man immer wieder, wenn man sich fragt, warum die Kirchen heute so leer sind. Ganz sicher ist da etwas dran, wenn es mir nicht so gut geht, bin ich eher bereit grundsätzlich über mein Leben nachzudenken, wenn ich an meine Grenzen komme, frage ich eher nach dem, was größer ist als ich und mir helfen kann. Verstehen wir den Glauben jedoch nur so, spielen wir seinen Gegnern in die Hände, die behaupten, Glaube sei nur ein Notnagel, eine Krücke, die sich der Mensch selbst gemacht hat, weil es ihm schlechtgeht; der Mensch, der gesund ist und in einer fortschrittlichen Gesellschaft lebt, braucht so etwas nicht mehr. Lässt sich die Frage nach Gott auch anders verstehen – nicht nur als Medizin für Notlagen, sondern als wirkliches Bedürfnis des Menschen? Wie tauchen Bedürfnisse überhaupt in unserem Leben auf? Fangen wir doch mal ganz grundsätzlich an! An einem heißen Sommertag plagt mich großer Durst, deshalb ist es mir ein dringendes Bedürfnis, etwas zu trinken. Aber würde ich das auch als wichtige und sinnstiftende Notwendigkeit meines Lebens bezeichnen? Wohl kaum. Außer vielleicht, wenn ich in einem armen Land wäre, in dem es zu wenig Wasser gibt, und ich Angst haben müsste zu verdursten. An diesem Beispiel zeigt sich, dass Dringlichkeit und Wichtigkeit nicht unbedingt dasselbe sind. Sie können zusammenfallen – eben wenn ich

Angst haben muss zu verdursten –, sie müssen es aber nicht. Wir haben Grundbedürfnisse – wie nach Nahrung und Wasser –, die dringlich sind und das Überleben sichern, aber nicht das Leben. Sie zu stillen ist Voraussetzung für menschliches Leben – wie auch für anderes Leben –, aber menschliches Leben erschöpft sich nicht darin. Auch Tiere essen und trinken. Als Menschen können wir mit unseren Bedürfnissen umgehen, können ihnen Wichtigkeit zu- oder absprechen. Es gibt also Bedürfnisse, die nicht in diesem unmittelbaren Sinne dringlich sind, aber doch sehr wichtig: Freundschaft oder Liebe könnte man als solche bezeichnen. Der Glaube an Gott ist sicher in diesem unmittelbaren Sinne kein dringliches Bedürfnis, aber er kann doch ein wichtiges sein. Dringlichkeit und Wichtigkeit sind nicht einfach dasselbe.

Manche Bedürfnisse entfalten erst ihre Wirkung, wenn sie geweckt werden. Mancher große Musiker, für den die Musik unverzichtbar zu seinem Leben gehört, wäre vielleicht keiner geworden, wenn er in einer Familie aufgewachsen wäre, in der sich keiner für Musik interessiert, wenn ihn niemand mit der Musik bekannt gemacht hätte. Ist der Glaube an Gott nun zwar kein im unmittelbaren Sinne dringliches, aber ein wichtiges, sinnstiftendes Bedürfnis?

Die Frau am Jakobsbrunnen lässt sich von Jesus in ein Gespräch hineinziehen, was in zweifacher Hinsicht ungewöhnlich ist. Ein Grund wird im Evangelium genannt, sie ist Samariterin, und Jesus dürfte als Jude mit ihr keinen Umgang haben. Außerdem darf ein Mann – gemäß den damaligen Moralvorstellungen – eine ihm unbekannte Frau nicht einfach auf offener Straße ansprechen. Doch beide – Jesus und die Frau – setzen sich darüber hinweg, offenbar hat Jesus bei dieser Frau einen Nerv getroffen. Sie ist auf der Suche, hat mehrere gescheiterte Beziehungen hinter sich – das heutige Evangelium gibt diese Begegnung nur verkürzt wieder und hat diesen Teil ausgelassen. Hier – in diesem Auf-der-Suche-Sein der Frau – scheint mir der Schlüssel zur Antwort auf unsere Frage zu liegen. Die Frage, wer bin ich, ist aus meiner Sicht aufs engste verknüpft mit der Frage nach Gott. Unser Leben besteht aus verschieden Phasen, die sehr unterschiedlich sein können – innerlich wie äußerlich. Ein Mensch, der mich erst später kennen gelernt hat, erkennt mich vielleicht auf einem Kinder- oder Jugendfoto gar nicht. Bin das wirklich ich? Unterschiedliche Menschen sehen mich unterschiedlich. Die einen halten mich für nett und umgänglich, die anderen für unsympathisch und anstrengend. Ich selber halte mich mal für das eine, mal für das andere. Wie bin ich wirklich? Bin ich einfach die Summe der Eindrücke, die andere über mich haben – auch wenn sie einander widersprechen –, oder bin ich wirklich, wie ich mich selbst sehe? Auf all diese Fragen gibt es keine wirkliche Antwort, wenn es nicht einen absoluten Bezugspunkt gibt, irgendetwas, das von allen Änderungen ausgeschlossen bleibt, vor dem ich erscheine, wie ich bin. Und das ist Gott. Ohne Gott bleibt alles irgendwie unverbindlich und vom jeweiligen Standpunkt abhängig. Ohne ihn bin ich nur ein Bündel aus Erscheinungen, Meinungen, heute so, morgen so. Nur vor ihm, dem Unwandelbaren, bin ich, was ich bin. Ich kenne die

Antwort auf die Frage, wer ich bin, bestenfalls bruchstückhaft, aber ich weiß, dass es eine Antwort gibt, weil es Gott gibt.

Die Frage nach Gott ist nicht im unmittelbaren Sinne ein dringliches Bedürfnis des Menschen. Sonst würden kaum so viele Menschen ohne sie auskommen, aber sie ist in meinen Augen ein wichtiges, sinnstiftendes Bedürfnis des Menschen, der fragt, wer er ist. Dringlichkeit und Wichtigkeit sind eben nicht einfach dasselbe. Essen und Trinken sichern das Überleben, aber machen nicht allein das Leben aus. Nur der Mensch stellt die Frage, wer er ist, eine Frage, auf die es meiner Ansicht nach ohne Gott keine wirkliche Antwort gibt. Ohne Gott bleibt alles irgendwie unverbindlich und vom jeweiligen Standpunkt abhängig. Ohne ihn bin ich nur eine nicht näher bestimmbare Summe aus Meinungen Eindrücken usw., die alle dem Wandel unterworfen sind. Je länger ich ohne Gott über diese Frage nachdenke, desto unklarer wird alles. Ich kenne die Antwort auf die Frage, wer ich bin, bestenfalls bruchstückhaft, aber ich weiß, dass es eine Antwort gibt, weil es Gott gibt.

Gott ist nicht irgendeine Kraft, sondern ein Jemand, der handelt!

3. Fastensonntag (Lesejahr C; Ex 3,1-8a.13-15; Lk 13,1-9)

„Wenn die Löwen Götter hätten, so würden sie sich diese als Löwen vorstellen", sagte ein griechischer Philosoph, der um das Jahr 500 v. Chr. lebte. Damit wollte er die Gottesbilder seiner Zeitgenossen entlarven, die sich Zeus und all die anderen griechischen Götter allzu menschlich vorstellten. Doch treffen uns die Vorwürfe dieses Philosophen nicht genauso? „Gott rief ihm aus dem Dornbusch zu", heißt es in der Lesung aus dem Buch Exodus. Im Evangelium beschreibt Jesus Gott als einen geduldigen, aber doch auch strafenden Gott. Dürfen wir uns Gott wirklich so menschlich vorstellen, geduldig, strafend, als einen, der irgendwo sitzt und einen Menschen anspricht? Ist dieses Gottesbild nicht viel zu sehr Ergebnis menschlicher Vorstellungen, ist Gott nicht viel größer, weiter, weniger fassbar?

Die Bibel ist voll von solchen menschlichen Gottesbildern, Gott ist manchmal zornig und straft, manchmal bereut er seinen Zorn auch, Gott kommt und geht, lässt sich sehen und verbirgt sich wieder. Bis ins Mittelalter finden wir noch Spuren dieser Vorstellungen. In der bildenden Kunst dieser Zeit scheint Gott als eine Art Überhöhung des Menschen dargestellt zu sein, wie ein Mensch, dessen Möglichkeiten ins Unendliche gesteigert sind und dessen Schattenseiten im Maße dieser Steigerung verschwinden. Nach dem Ende des Mittelalters zerbricht diese Sicht mehr und mehr, bis sich in unseren Tagen die meisten Menschen – so mein Eindruck – Gott als eine Art Kraft oder Energie vorstellen. Warum ist das so gekommen? Eine gängige Erklärung lautet, dass der Mensch sich weiter entwickelt hat und das allzu menschliche Gottesbild vergangener Tage als zu einfach entlarvt hat, der vielfältigen Wirklichkeit, die der Mensch nach und nach besser erkennt, nicht mehr angemessen. Doch ist das tatsächlich so einfach mit dem Fortschritt des Menschen? Wer sich mit dem 20. Jahrhundert beschäftigt, wird zwar zur Überzeugung kommen, dass die Technik immer weiter fortschreitet - auch die Technik des Tötens, wie zwei Weltkriege beweisen – aber ist die Entwicklung des Menschen auch so einfach mit dem Etikett „Fortschritt" zu versehen? Mir scheint, es gibt eine bessere, einleuchtendere Erklärung für die Veränderung des Gottesbildes. Zur biblischen Zeit und noch mehr im Mittelalter war klar, dass der Mensch im Mittelpunkt der Welt steht. Als Verwalter Gottes hat er die Erde zu beherrschen, aber auch zu bewahren und zu behüten. Er ist das Abbild Gottes, wie es die biblische Schöpfungsgeschichte formuliert. Diese Hochschätzung des Menschen, ja seine Sicht als Abbild Gottes machte es leicht, Gott in menschlichen Bildern zu beschreiben. Wenn der Mensch so gesehen wird, liegt es nahe, von ihm auf Gott zu schließen, ohne dabei die Schwächen des Menschen leugnen zu wollen. Diese Sicht des Menschen ist nach dem Ende des Mittelalters zerbrochen. Der Mensch scheint nur irgendein Lebewesen auf einem Staubkorn namens Erde zu sein, das durch die unendliche Weite des Weltalls rast. Was ist der Mensch? Auf diese Frage gibt es längst keine gemeinsame Antwort mehr, und die vielen Antwortversuche sind meist ernüchternd und oft sogar enttäuschend. Dem Menschen wird nicht mehr viel zugetraut außer Gewalt und Umweltzerstörung. Ein Gottesbild, das von diesem Menschenbild ausgeht, passt nicht mehr. Der Mensch hat sich selbst enttäuscht und ist sich seiner selbst nicht mehr gewiss. Also muss Gott das Gegenteil sein: irgendwie unpersönlich, weit, allgemein, wie eine Energie, die Leben ermöglicht. Das Gottesbild unserer Zeit ist also nicht höherstehend als das vergangener Zeiten. Es ist genauso als Ergebnis eines bestimmten Menschenbildes erklärbar. Der von sich enttäuschte Mensch stellt sich Gott nun eben als sein eigenes Gegenteil vor.

So bleibt nun aber die Frage, welches Gottesbild glaubwürdiger ist: das menschliche der Vergangenheit oder das unpersönliche der Gegenwart? Ich denke, das Problem lässt sich in einer Frage zusammenfassen: Können wir uns vorstellen, dass Gott handelt? Der Begriff des Handelns fasst all das andere zusammen, all das Kommen und Gehen, das Geduldig-Sein usw. Ist Gott also ein Etwas, das immer gleich ist, oder ein Jemand, der handelt? Die biblische Offenbarung bekennt sich eindeutig zu letzterem. Ist das glaubwürdig? Wenn ich glaube, dass es so etwas wie eine Offenbarung gibt, dass Gott irgendwie den Menschen berührt, dass der Mensch eine wenn auch noch so geringe Ahnung davon haben kann, dass es Gott gibt, so muss ich auch davon ausgehen, dass Gott ein Jemand ist, der handelt, denn Offenbarung ist ein Handeln. Gott zeigt etwas von sich, lässt sich finden. Ein Gott, der gegen seinen Willen oder zufällig entdeckt wird, kann alles Mögliche sein, aber nicht Gott. Ein Gott, der sich offenbart, von dem wir etwas wissen oder dessen Dasein wir auch nur ahnen, ist ein

Gott, der sich zeigt, also ein Jemand, der handelt. All die menschlichen Aussagen der Bibel über Gott sind Bilder für einen Gott, der handelt, einen Gott, der die Beziehung mit den Menschen wagt. So wird auch die biblische Vorstellung von der Erscheinung Gottes zugänglich. Sicher ist Gott allgegenwärtig, aber wir kennen doch auch die Erfahrung, dass jemand, der neben mir im Zug sitzt, mir sehr fern ist, aber ein Freund, der weit weg ist, mir doch nahe steht. Nähe in Beziehungen ist nicht nur etwas Räumliches. Ebenso werden auch die Aussagen über Geduld und Strafe Gottes zumindest verständlicher. In jeder Beziehung – auch der zwischen Gott und Menschen – braucht es Geduld, die Bereitschaft, auch einmal Abstand zu halten, den anderen er selbst sein zu lassen. Manchmal bringt das auch Verletzungen mit sich, eine Beziehung kann zerbrechen. Diese verletzte oder gar zerbrochene Beziehung zu Gott beschreibt das biblische Bild von der Strafe Gottes.

Wie können, wie dürfen wir uns Gott vorstellen? Zu allen Zeiten hat diese Frage religiöse Menschen umgetrieben. Zu einfach dürfen wir es uns nicht machen, davor warnt uns auch jener griechische Philosoph, den ich eingangs zitierte. Wie der Mensch sich selbst sieht, beeinflusst auch das Gottesbild. Der Mensch ist heutzutage von sich enttäuscht, ist seiner selbst nicht mehr gewiss, deshalb stellt er sich Gott als das Gegenteil eines Menschen vor. Doch die biblische Offenbarung, die von einem handelnden Gott erzählt, ist glaubwürdiger. Wenn es eine Offenbarung gibt, wenn der Mensch eine Ahnung von Gott haben kann, dann muss Gott ein Jemand sein, der handelt, denn Offenbarung, Sich-Zeigen ist Handeln. Wir glauben an einen Gott, der nicht irgendwie als Energie durchs Weltall wabert, sondern sich bewusst an unsere Seite gestellt hat und auch uns sagt: „Ich bin da!"

Der Mensch ist Mensch und wird Mensch in der Begegnung mit Gott!

Ostern 2010

„Ich glaube nicht an Gott, aber ich vermisse ihn", schrieb der britische Schriftsteller Julian Barnes vor kurzem in einem Essay. So wie ihm geht es wahrscheinlich nicht wenigen Menschen. Man wünscht sich eine gewisse religiöse Beheimatung, die Trost und Hoffnung schenkt, aber an Gott zu glauben – zumindest so, wie ihn die christlichen Kirchen verkünden –, das ist dann doch zu viel. Mancher entscheidet sich für einen Mittelweg, eine Religiosität, die mehr oder weniger ohne diesen Gott auskommt. Die österliche Botschaft, dass Gott unser Erlöser, der Sieger über den Tod ist, kommt so immer seltener an. Warum brauchen wir Gott? Warum redet uns der christliche Glaube ein, wir seien defizitäre Wesen, d.h. angewiesen auf Gott? Warum kann der Mensch nicht in sich selbst Erlösung oder doch wenigstens Erfüllung finden?

Es scheint eine Binsenweisheit zu sein, dass der Mensch, um seine eigenen Möglichkeiten zu entfalten, um sich selbst zu entwickeln, die Begegnung mit anderen, ja oft genug auch die Herausforderung durch andere braucht. Ein Kleinkind lernt erst sich selbst als Individuum, als Einzelpersönlichkeit wahrzunehmen, indem es andere beobachtet und von ihnen lernt. Auch als Heranwachsender und als Erwachsener entwickle ich erst im Gespräch und in der Begegnung mit anderen meine eigenen Positionen, mein eigenes Profil. Der Mensch wird am Du zum Ich, sagte der jüdische Philosoph Martin Buber. So weit, so gut, aber warum braucht es nun Gott? Bieten die Menschen, ja bietet diese Welt nicht genug Stoff für uns Menschen, um uns zu entwickeln, finden wir nicht im Diesseits genug Anregungen, um zu staunen, um unserem Leben unsere ganz eigene Prägung und Färbung zu geben?

Überlegen wir zunächst einmal, was Begegnung – die ja offensichtlich zur eigenen Entwicklung notwendig ist – wirklich bedeutet. Begegnung im eigentlichen Sinne ist mehr als ein Aufeinandertreffen. Begegnung hinterlässt Spuren, mal mehr, mal weniger. Begegnung setzt immer eine Mischung aus Bekanntem und Unbekanntem voraus. Es braucht in der Begegnung das Moment des Bekannten, sonst kann ich den anderen gar nicht wahrnehmen, kann nicht voraussetzen, dass er mich versteht, es braucht aber auch das Moment des Unbekannten, nur so entsteht eine Bewegung, eine Dynamik zwischen denen, die sich begegnen. Zwei Beispiele sollen das erläutern. Ein Flugzeug oder ein Zug verspätet sich, man kommt mit einem anderen Reisenden ins Gespräch, es entwickelt sich – vielleicht sogar wider Erwarten – ein interessantes Gespräch. Bekannt war mir vor dem Gespräch nur, dass der andere ein Mitreisender ist, dem es möglicherweise ähnlich geht wie mir. Der Rest war unbekannt und ermöglichte ein gutes Gespräch. Bei einer Verabredung mit einem Freund ist das anders, hier überwiegt das Bekannte, ich kenne ihn, weiß viel über ihn. Und doch gibt es auch Unbekanntes, das auch hier eine echte Begegnung ermöglicht. Seit dem letzten Treffen hat er Neues erlebt und neue Erfahrungen gemacht, die unsere Begegnung nun farbig und interessant machen. Begegnung setzt immer eine Mischung aus Bekanntem und Unbekanntem voraus.

Und doch: All das Unbekannte, das unseren Begegnungen die nötige Spannung und Dynamik verleiht, hat seine Grenzen. Menschen können uns überraschen, aber nur innerhalb eines gewissen Rahmens. Sie können uns überraschen mit ihrer Zuwendung, die bis zur Hingabe des eigenen Lebens gehen kann, oder mit ihrer Ablehnung, die bis zu Gewalt und Mord gehen kann. Vereinfacht gesagt: ein Mensch kann sein Leben für einen anderen hingeben oder eine Bombe bauen, die die ganze Welt vernichtet, aber mehr auch nicht. Die Möglichkeiten des Menschen sind uns nie völlig fremd, denn wir alle tragen sie zumindest im Keim in uns – im Guten wie im Bösen. Eine Begegnung, die den Menschen wirklich verändert, muss anders sein, auch sie braucht das Moment des Bekannten, sonst gelingt Begegnung gar nicht, aber vor allem das Moment des wirklich Neuen, des ganz und gar Unbekannten: das ist die Begegnung mit Gott. Auch hier gibt es eine Mischung aus Bekanntem und Unbekanntem: Wir sind Gottes Ebenbild, sagt die biblische Schöpfungsgeschichte, darum haben wir eine Ahnung von ihm, so wird Begegnung möglich. Dennoch ist er der Unfassbare, der stärker ist als der Tod, der allein den Menschen von dieser letzten Fessel befreien kann. Der Mensch braucht Begegnung, um sich zu entwickeln, um zu reifen, ja um zu leben. Die Begegnung mit Gott bewirkt dies tief und umfassend wie keine andere. Deshalb braucht der Mensch Gott.

Der Mensch muss an seine eigenen Grenzen gehen, um zu wachsen, ja noch mehr, er muss versuchen sich über sie hinauszustrecken. Wer sich immer gleich mit allem abfindet, der reift nicht. Nun meinen heute ja viele, dass sie dies tun, Grenzen ausreizen und sogar überspringen. Ich spreche aber hier von den Grenzen der menschlichen Möglichkeiten, nicht von Konventionen oder moralischen Regeln. Auch in diesem Zusammenhang meint mancher, er teste seine Grenzen durch immer neue Abenteuer oder Risiken aus. Das ist ein Irrtum. Ein neuer „Kick", wie das dann heißt, mag noch mehr Adrenalin ausstoßen, das ihn in eine Hochstimmung oder gar einen Rausch versetzt, aber Adrenalin ist auch nur ein körpereigener Stoff, der Mensch bleibt bei sich und seinen Möglichkeiten. Nur in der Begegnung mit Gott wächst der Mensch über sich hinaus, streckt sich über seine eigenen Möglichkeiten hinaus. Nur hier eröffnet sich ihm das gänzlich Neue und Unbekannte, das nicht nur die Möglichkeiten unserer Sprache übersteigt. Wie viele Heilige sind so über sich hinausgewachsen und sind zu lebendigen Ikonen, zu Bildern Gottes geworden! Und wie viele Unbekannte lassen so Tag für Tag auch heute noch den Glauben lebendig erscheinen! Das ist das Einzigartige der österlichen Botschaft: Wo alle menschlichen Möglichkeiten unumkehrbar und endgültig zu Ende sind – im Tod –, sind Gottes Möglichkeiten noch längst nicht zu Ende.

Brauchen wir Gott also doch? Überfordert es den Menschen in sich selbst Erfüllung zu finden? Ganz offensichtlich ja. Der Mensch braucht Begegnung und das Hinausstrecken über seine eigenen Grenzen, um zu wachsen und zu reifen, ja um zu leben. Begegnung setzt immer eine Mischung aus Bekanntem – sonst nehme ich den anderen gar nicht wahr – und Unbekanntem voraus; nur so entstehen die Spannung und die Dynamik, die etwas in Bewegung bringen. Doch alle menschlichen Möglichkeiten sind uns letztlich nicht fremd, im Keim tragen wir sie in uns – im Guten wie im Bösen. Allein die Begegnung mit Gott eröffnet das Neue und Unbekannte, das den Menschen wirklich reif und groß macht. Ostern gibt uns eine vorsichtige Ahnung, wie dieses Neue aussieht: groß, mächtig, Liebe, die stärker ist als der Tod. Der Mensch ist Mensch und wird Mensch in der Begegnung mit Gott.

Hoffnung kann ich nur bewahren, indem ich Hoffnung schenke!

Christi Himmelfahrt (Lesejahr C; Apg 1,1-11; Eph 1,17-23; Lk 24,46-53)

„Du sollst nicht töten, du sollst nicht stehlen, du sollst nicht lügen" – die wohl bekanntesten Gebote des Christentums sind eigentlich gar keine Gebote, sondern Verbote: „du sollst nicht..." Nicht wenige erleben das Christentum wahrscheinlich genauso, als eine Ansammlung von Verboten, als eine Lehre, die den Anspruch erhebt, das Leben eines Menschen zu bestimmen. Wie anders klingt dagegen die zweite Lesung aus dem Epheserbrief: „Er (d.h. Gott) erleuchte die Augen eures Herzens, damit ihr versteht, zu welcher Hoffnung ihr berufen seid..." Dass Christus bei Gott ist, ist die Hoffnung schlechthin, weil es die Zusage bedeutet, dass das Leben des Menschen nicht ins Leere läuft, sondern ein Ziel hat, dass unser Leben einen Sinn hat, dem selbst der Tod nichts anhaben kann. Wie wird aus dieser Hoffnungsbotschaft eine Ansammlung von Ge- und Verboten? Warum mündet diese Frohe Botschaft – so lautet ja die deutsche Übersetzung des Wortes „Evangelium" – in einen Anspruch, wie das Leben eines Menschen auszusehen hat?

Kein Geschenk, das wertvoll ist, – auch nicht das der Hoffnung – bleibt ohne Folgen. Wenn mir etwas Wertvolles geschenkt wird, wird das auch mein Leben prägen und in gewisser Weise auch verändern. Wenn es sich um etwas Materielles handelt, z.B. ein größerer Geldbetrag, kann mir das Sicherheit und Unabhängigkeit geben, die Möglichkeit manches zu verwirklichen, was ich anders nicht tun könnte. Es kann aber auch sein, dass mich ein solches Geschenk völlig besetzt, dass ich nur noch überlege, wie ich mein Geld behalten oder sogar vermehren kann, dass Besitz zum mehr oder weniger einzigen Lebensthema wird, auch wenn man natürlich in regelmäßigen Abständen betont, man wisse schon, dass die Familie und die Freunde das eigentlich Wichtige seien. Jedes Geschenk, alles, was wir als wertvoll ansehen, hat Folgen für unser Leben. Das gilt auch für Nicht-Materielles, wie z.B. eine Ehe, eine Partnerschaft oder eine Freundschaft. Das Ja-Wort des anderen verändert mein Leben, die Treue des Freundes kann Mut, Kraft und Achtsamkeit für den anderen schenken, aber auch hier besteht die Gefahr, dass das Geschenk einer Freundschaft oder Partnerschaft auch negative Wirkungen haben kann, Verlustängste auslösen kann, die Haltung, den anderen Menschen als Besitz zu betrachten usw. Etwas Wertvolles, das ich mein Eigen nenne, prägt mein Leben und mein Verhalten, das gilt auch für die Hoffnung. Wenn ich die Hoffnung habe, dass mein Leben nicht ins Leere läuft, dass es einen Sinn hat, der über den Tod hinausgeht, dann wird das Folgen für mein Leben haben. Wenn der christliche Glaube eine Hoffnungsbotschaft ist, dann muss er auch den Anspruch haben, das Leben eines Menschen zu prägen und zu verändern, sonst ist er nicht mehr als ein leichter Unterhaltungsfilm, der eine kleine Auszeit aus dem Alltag verspricht.

Doch wie prägt die Hoffnung unser Leben? In dem, was ich eben versucht habe zu beschreiben, sollte deutlich werden, dass Wertvolles mein Leben auch negativ prägen kann, indem es Verlustängste auslösen kann. Ich kann also nicht davon ausgehen, dass mein Leben von selbst gut wird, weil mir etwas Gutes zuteil geworden ist. Das Geld kann mich alle Freunde kosten, weil ich nur noch daran denke. Die Partnerschaft wird zur Qual, wenn sie von Eifersucht und Verlustängsten bestimmt ist. Ich muss das Wertvolle, das mir geben ist, schützen, indem ich mich in einer bestimmten Weise dazu verhalte, sonst verliere ich es. Leben ist Bewegung, ich kann nie sagen, ich habe jetzt dies oder das und das bleibt jetzt einfach so, egal was passiert, so gelingt keine Partnerschaft, so verliere ich die Hoffnung. „Ihr Männer von Galiläa, was steht ihr da und schaut zum Himmel empor?“, fragen die beiden jungen Männer, die leicht als Engel zu erkennen sind, die Apostel unmittelbar nach der Himmelfahrt, so berichtet es uns die erste Lesung aus der Apostelgeschichte. Geradezu unbarmherzig klingt diese Ermahnung, kein Moment Ruhe wird den Aposteln gegönnt. Sie dürfen sich nicht auf ihrer Hoffnung ausruhen, aber wie ist diese Hoffnung nun zu bewahren?

Leben ist Bewegung. Hoffnung haben heißt Hoffnung schenken, Leben haben heißt Leben schenken und ermöglichen. Nicht umsonst ist die Himmelfahrt Jesu mit der Aussendung der Jünger in alle Welt verbunden, also dem Auftrag, diese Hoffnung weiterzuschenken. Hoffnung bewahre ich, indem ich sie anderen schenke, die Hoffnung bleibt in mir lebendig, indem ich anderen helfe, die Hoffnung nicht zu verlieren bzw. neu zu entdecken. Der Glaube an ein Leben, das stärker ist als der Tod, bleibt in mir nur lebendig, wenn ich selbst Leben schenke bzw. ermögliche, d.h. anderen beistehe, ihnen helfe, wo sie nicht weiterkönnen, ihnen so ermögliche, dieses Leben als ein Geschenk und nicht oder wenigstens nicht nur als eine Last zu begreifen. Nur von hier aus sind die christlichen Gebote zu verstehen, als das Schenken und Bewahren von Leben und Hoffnung in mir und für andere, weil nur so Hoffnung lebendig bleibt. So sind auch die Gebote, die ich eingangs zitierte – nicht töten, nicht stehlen, nicht lügen – Achtung vor dem Leben des anderen Menschen, egal ob sie nun negativ als Verbote oder positiv als Gebote formuliert sind, Achtung vor seinem Besitz, den er braucht und haben darf als Raum, sich selbst zu entfalten, Achtung vor seinem Versuch, sich in dieser Welt zurechtzufinden. Doch auch die ersten der Zehn Gebote müssen hier erwähnt werden, sie sollen die Beziehung des Menschen zu Gott schützen und ermöglichen, denn er ist die Quelle unserer Hoffnung, die sich keiner selbst schenken kann. Die Sehnsucht des Menschen nach Unvergänglichkeit kann er sich nicht selbst erfüllen, Gott allein kann es. Ich kann Wertvolles nicht bewahren, indem ich es sozusagen einsperre und als unvergänglichen Besitz betrachte. Ich muss es immer neu erwerben, muss es teilen, muss mich daran freuen, nur so bereichert das Wertvolle wirklich mein Leben.

Deshalb muss die Frohe Botschaft auch einen Anspruch an mein Leben haben. Alles, was ich als wertvoll betrachte, prägt und verändert meine Leben. Leben ist Bewegung, wenn ich das Wertvolle bewahren will, wenn ich nicht von Verlustängsten zerrissen werden will, muss ich etwas tun. Das gilt auch für das Geschenk der Hoffnung, das Gott uns macht. Ich kann die Hoffnung nur bewahren, wenn ich selbst Hoffnung schenke, ich kann das Leben nur bewahren, wenn ich selbst anderen Leben schenke, Leben mit ihnen und für sie ermögliche. Ich kann das Wertvolle nicht verstecken, das deutet auch der Volksmund an, wenn er sagt: Wovon das Herz voll ist, davon spricht der Mund.

Autorität und Freiheit gehören zusammen!

Pfingsten 2010

„Der Mensch kann ohne Autorität nicht existieren, und doch bringt sie eben soviel Irrtum als Wahrheit mit sich", sagte der Deutschen liebster Dichter Johann Wolfgang von Goethe. Autorität bringt Irrtum und nur wenig Wahrheit, so würden wahrscheinlich die meisten Menschen heutzutage diesen Satz korrigieren. Autorität ist in ihren Augen gleichbedeutend mit der Abgabe von Verantwortung, Freiheit und der eigenen Vernunft. Der Zweifel an und die Zurückweisung von Autorität scheinen ein besonderes Kennzeichen unserer Zeit zu sein. Das Lösen solcher Fesseln der Bevormundung – so die gängige Meinung – lässt den Menschen erst zu sich selbst finden, so dass er sich und seine Möglichkeiten selbstbestimmt entfalten kann. Dennoch hält die Kirche an der Bedeutung der Autorität als notwendigem Bindeglied zwischen Gott und den Menschen fest, im Neuen Testament erscheint sie als vom Heiligen Geist geschenkte Teilhabe an der Autorität und Souveränität Gottes. „Empfangt den Heiligen Geist! Wem ihr die Sünden vergebt, dem sind sie vergeben", so bevollmächtigt Jesus im Evangelium seine Jünger. Nicht erst in der letzten Zeit hat die Kirche Glaubwürdigkeit und damit auch Autorität eingebüßt, so dass sich die Frage noch dringlicher stellt: Wozu brauchen wir Autorität? Was ist überhaupt Autorität?

Es gibt – man mag es kaum glauben – auch noch den positiven Gebrauch dieses Wortes. Man sagt, jemand ist eine Autorität auf diesem oder jenem Gebiet, wenn dieser sich ein großes Wissen und bestimmte Fertigkeiten angeeignet hat und man bereit ist, seinem Urteil Glauben zu schenken, ohne es weiter zu überprüfen. So wird schon eine wesentliche Einsicht bezüglich der Autorität aufgedeckt. Niemand zwingt mich, diesen Autoritäten zu glauben, ich kann ihr Urteil ablehnen oder nachprüfen, wenn ich will. Autorität und Freiheit gehören zusammen. Autorität bindet nur durch Einsicht und Vertrauen, nicht durch Zwang. Alles andere wäre Macht oder Gewalt. Der Autorität des Staates folge ich, wenn ich an der roten Ampel nicht einfach aus Angst vor Strafe halte, sondern weil ich einsehe, dass es letztlich auch für mich besser ist, wenn alle an der roten Ampel halten.

Gerade diese unsere Freiheit zwingt uns zur Suche nach Zielen, nach Maßstäben für unser Leben und Handeln und damit letztlich nach der Gestalt, die wir unserem Leben geben wollen und können. Diese Suche, die viel ungebundener und damit auch schwieriger und mühsamer als in vergangen Zeiten ist, kennzeichnet in besonderem Maße den heutigen Menschen. Wo werden wir fündig? Maßstäbe und Ziele liegen nicht einfach auf der Straße, man kann sie auch nicht einem Katalog entnehmen, der von A wie „Achtung vor meinen Mitmenschen" bis Z wie „Zuversicht in schwierigen Situationen" reicht. Ziele, Maßstäbe und Werte entdecken wir nicht abstrakt, sozusagen im luftleeren Raum, sondern nur in Verbindung mit bestimmten Personen, die uns eben dies vorleben, die zeigen, wie Leben gelingt, wenn man bestimmte Ziele auf bestimmten Wegen verfolgt. Menschen, die uns glaubwürdig erscheinen und bei denen wir geneigt sind, ihrem Urteil zu vertrauen und zu glauben, sind Autoritäten. Auf diese Weise haben wir das Wesen von Autorität entdeckt. Autorität ist die ganz eigene Verbindung einer Person mit bestimmten Maßstäben und Einsichten, wie das Leben gelingen kann, also das Herantreten eines Maßstabes bzw. einer Lebensregel an uns – durch einen ganz bestimmten Menschen. Wir brauchen Autorität, weil uns das Wissen, wie Leben gelingt, nicht einfach irgendwie anfliegt, sondern nur in Menschen und ihrer Lebensgeschichte begegnet. Diese Autorität zwingt uns nicht, sondern bindet uns durch etwas, das letztlich stärker ist: Einsicht und Vertrauen. Dem könnten wahrscheinlich nicht wenige zustimmen. Schwierig wird es dann, wenn Autorität mit bestimmten Ämtern und Funktionen verbunden sein soll, wie es ja auch in der Kirche ist. Kann Autorität nicht etwas sein, was eben nicht an eine bestimmte Funktion gebunden ist, sondern von Zeit zu Zeit und in ganz unterschiedlichen Personen aufstrahlt, genau dann wenn ich spüre, bei denen finde ich etwas Wichtiges für mein Leben?

Autorität ist nicht etwas, das nur gelegentlich in einem Menschen aufstrahlt, auch wenn uns das manchmal so vorkommt, weil wir in einem ganz besonderen Augenblick diese Autorität besonders wahrnehmen. Autorität ist zwar nicht einfach der Besitz eines Menschen, aber etwas, das ihm aneignet, eine Begabung, die er nach und nach entfaltet. Es läuft dem Wesen der Autorität zuwider, wenn ich annehme, dass sie nur gelegentlich aufstrahlt, entweder man hat sie oder man hat sie nicht, eben das rechtfertigt ja das besondere, zuvorkommende Vertrauen in den, der Autorität hat. Das meint auch der Apostel Paulus, wenn er in seinem ersten Korintherbrief von den Gaben des Heiligen Geistes spricht. Zu diesen Gaben zählt auch die Gabe der Leitung. Wenn der Apostel einen Leiter für die Gemeinde einsetzt, so vertraut er darauf, dass Gott diesen berufen hat und ihm durch seinen Geist die Gabe der Leitung gibt, durch die ihm Autorität aneignet.

Die einzige absolute Autorität aber ist und bleibt nach christlicher Überzeugung Gott selbst. Niemand schuldet einer menschlichen Autorität absoluten Gehorsam. Das war und ist die Lehre der Kirche, von Thomas von Aquin über John Henry Newman bis zum Zweiten

Vatikanischen Konzil, auch wenn das den ein oder anderen überraschen mag. Niemand darf gezwungen werden, gegen sein Gewissen zu handeln. Dass jemand Autorität hat, heißt, dass er mindestens einen Vertrauensvorschuss verdient, so dass ich zuerst annehme, das sein Urteil wahr ist, bis das Gegenteil bewiesen ist bzw. ich nach eingehender Prüfung zu der Einsicht gekommen bin, dass er nicht Recht hat.

„Der Mensch kann nicht existieren ohne Autorität", sagt Goethe, und ich meine, er hat damit Recht – jedenfalls wenn man darunter nicht irgendwelche herrschaftliche Bevormundung versteht. Autorität setzt Freiheit voraus. Sie bindet nicht durch Zwang, sondern durch Einsicht und Vertrauen. Sie ist die Verbindung einer Person mit Maßstäben für das Leben. Wir brauchen sie, weil eben diese Maßstäbe uns nur in dieser Verbindung mit lebendigen Menschen begegnen. Autorität ist etwas, das ein Mensch hat, nicht etwas, das nur gelegentlich aufstrahlt in diesem oder jenem Menschen. Das würde ihrem Wesen zuwiderlaufen, denn entweder man hat sie oder man hat sie nicht, eben das rechtfertigt ja das besondere Vertrauen, den Vertrauensvorschuss, den man dem entgegenbringt, der Autorität hat. „Autorität bringt soviel Irrtum wie Wahrheit", sagt Goethe, hier würde ich widersprechen. Wo Menschen handeln, gibt es immer auch Irrtum, der oft genug auch Leid über Menschen bringt, aber letztlich ist Autorität im christlichen Sinne doch auch eine Gabe des Heiligen Geistes, der uns auf dem Weg Jesu hält – trotz unseres Hinkens und Stolperns.

Sonntage im Jahreskreis

Kein Zeuge ist besser als die eigenen Augen?

2. Sonntag im Jahreskreis (Lesejahr A; Joh 1,29-34)

„Kein Zeuge ist besser als die eigenen Augen", sagt ein afrikanisches Sprichwort. In mancherlei Hinsicht denkt der moderne Mensch ganz ähnlich: er will seine eigenen Erfahrungen machen, sich nichts vorsetzen lassen, will selber sehen und erkennen, will sich nicht von außen bestimmen lassen. Auch deshalb passt das Christentum wohl so schwer zum Welt- und Menschenbild unserer Zeit, denn es beharrt eben darauf, dass der Mensch das Zeugnis anderer annehmen soll, es überliefert uns ein Glaubensbekenntnis, für das zwar Menschen ihr Leben hingegeben haben – wir nennen sie Märtyrer, was nichts anderes als „Zeuge" bedeutet –, aber das nicht unmittelbar durch meine Erfahrung eingeholt und bestätigt werden kann. „Das habe ich gesehen und bezeuge: Er ist der Sohn Gottes", sagt Johannes der Täufer im heutigen Evangelium. Warum verlangt das Christentum von mir, das Zeugnis anderer

Menschen anzunehmen? Warum reicht es nicht aus, das zu glauben, was ich selbst erfahren habe?

Das Menschenbild unserer Tage geht von einer Unabhängigkeit des Einzelnen aus, die nichts weiter als ein Trugschluss ist. Der Mensch ist Mensch und wird Mensch immer nur in der Begegnung mit anderen, in der Auseinandersetzung mit ihnen, im Nachdenken mit ihnen, aber auch im Getragen- und Gestützt-Werden von ihnen. Das, was die Religion mit dem für unsere Alltagssprache – jedenfalls außerhalb der Gerichte – fremden Wort „Zeugenschaft" bezeichnet, prägt in ähnlicher Weise unser ganzes Leben. Es sind unsere Mitmenschen, die uns anregen, die uns bestimmte Fragestellungen nahelegen, manchmal sogar aufdrängen oder vorgeben, es ist das Zusammensein mit anderen oder manchmal auch seine schmerzlich empfundene Abwesenheit – also die Einsamkeit –, die uns unsere Erfahrungen machen lassen. Und selbst wenn ich ganz allein bin und mich nur in Gedanken ausdrücke, so muss ich einräumen, dass auch die Sprache, in der ich denke, rede, meine Empfindungen verarbeite, etwas ist, dass die Gemeinschaft mir gegeben hat. Und auch der größte Dichter, der es schafft, der Sprache seine eigene Färbung zu geben, ihr außergewöhnliche Bilder abzuringen, wird doch auch von ihr geprägt und arbeitet in ihrem Rahmen. Es sind also immer wieder meine Mitmenschen, die mich begleiten, ermutigen, anregen, nachdenken lassen, mir auf die Nerven gehen, mir aber auch helfen und beistehen – kurz gesagt: mich auch prägen und formen.

Das, was das Christentum Zeugenschaft nennt, ist also nichts dem Menschen Fremdes, sondern im Gegenteil etwas, das dem Wesen des Menschen zutiefst entspricht. Es bedeutet zunächst, dass andere durch ihren eigenen Glauben meinen Glauben in gewissem Sinne vorbereiten, ermöglichen, begleiten und eben auch mittragen. Dieses Vernetzt-Sein der Menschen – auch und gerade im Glauben – legt offen, dass es auch keine strikte Trennung in Zeugen des Glaubens und solche, die das Zeugnis empfangen, geben kann. Als Glaubender bin ich immer zugleich Zeuge des Glaubens und einer, der das Zeugnis der anderen empfängt. Denn sobald ich glaube, bin auch ich Zeuge für den anderen, wird meine Glaubenserfahrung, mein persönliches Ja zum Glauben für den anderen zum Zeugnis. Nicht umsonst sagt Paulus, der ja eigentlich als Apostel als Zeuge des Glaubens schlechthin gelten könnte, in seinem Brief an die Römer, dass „wir . . . miteinander Zuspruch empfangen durch euren und meinen Glauben." Christlicher Glaube heißt nie, dass die einen einfach schlechthin die Zeugen sind, die den anderen den Glauben vorgeben, sondern Glauben heißt immer, sich gegenseitig bestärken, sich gegenseitig durch persönliche Erfahrungen Mut machen. Selbst Zeuge zu sein und ein Glaubenszeugnis durch das Vorbild eines anderen zu empfangen sind letztlich zwei Seiten derselben Medaille, sind beide Berührung durch den lebendigen Gott.

Die Kirche hat das in ihrer Lehre vom übernatürlichen Sinn der Glaubenden aufgegriffen. Der „sensus fidelium" – so heißt es in lateinischer Sprache – meint, dass die Gesamtheit der Glaubenden den Glauben treu und vollständig bewahrt. Es sind also nicht nur der Papst und die Bischöfe, denen ein besonderer Beistand des Heiligen Geistes zugesagt ist, sondern auch die Gesamtheit der Glaubenden. Gerade in unserer Zeit müsste dieser Lehre neue Aufmerksamkeit geschenkt werden. Sie sollte aber nicht als Kampfmittel gegen die da oben in der Kirche verstanden werden, die endlich einmal einsehen sollten, was heute noch geht und was nicht, sondern als gemeinsames Hören auf das Wort Gottes. Das braucht Offenheit von beiden Seiten – von den Bischöfen und von der so genannten Basis.

Der Wunsch des modernen Menschen, gänzlich unabhängig zu sein, ist also – im Glauben wie im Leben – nichts anderes als ein leerer Traum, der bei genauerer Betrachtung wie eine Seifenblase zerplatzt. Wer meint, nur wissen zu können, was er selbst herausgefunden oder doch wenigstens überprüft hat, ist nicht lebensfähig, so wie der, der meint, er könne nur glauben, was er selbst in ganz unmittelbarer Weise erfahren hat, nicht glaubensfähig ist. Die ganze Wirklichkeit lässt sich nicht aus einem einzigen Blickwinkel erfassen, auch nicht aus meinem eigenen. Wir brauchen die anderen, die uns mir ihrem Lebenszeugnis den Blick weiten und uns zu Einsichten verhelfen, die wir allein nicht entdecken würden. Das Besondere am christlichen Glauben ist, dass er vor allem auf lebendige Zeugen setzt, auf Menschen aus Fleisch und Blut. Das macht es einerseits schwieriger, weil Menschen Fehler haben und Fehler machen, aber es gibt dem christlichen Zeugnis andererseits eine besondere Lebendigkeit und Kraft, denn gerade wo es um die Grundfragen des Mensch-Seins geht, wo man nicht einfach das Richtige berechnen kann, ist ein Zeugnis besonders wertvoll, wenn es aus der Lebenserfahrung eines anderen unmittelbar hervorgeht, wenn es durchlebt und manchmal auch durchlitten ist.

Dass das Christentum auf dem Zeugnis von Menschen aufbaut, ist folglich nichts, was dem Menschen fremd ist, weil Leben immer auch heißt, sich von anderen formen und prägen zu lassen, weil der Mensch nur in der Begegnung mit anderen er selbst wird. Wer meint, nur wissen zu können, was er selbst überprüft hat, ist nicht lebensfähig, so wie der, der meint, er könne nur glauben, was er selbst in ganz unmittelbarer Weise erfahren hat, nicht glaubensfähig ist. Das bedeutet nicht, dass die einen einfach die Zeugen sind und die anderen diejenigen, die das Zeugnis annehmen. Glauben heißt, einander Zeugen sein, sich gegenseitig im Glauben bestärken, sobald ich mein Ja zum Glauben spreche, bin ich automatisch ein Glaubenszeuge für den anderen. Nur so bleibt das Christentum lebendig, nur wenn auch heute gilt, was Paulus der Gemeinde in Rom schreibt: dass wir „miteinander Zuspruch empfangen durch euren und meinen Glauben."

„Die Wahrheit wird stärker sein!“

3. Sonntag im Jahreskreis (Lesejahr A; 1 Kor, 1,10-13.17; Mt 4,12-23)

Streit und Auseinandersetzungen zerstören in den Augen vieler Menschen die Glaubwürdigkeit des Christentums. Schaut her, die sind auch nicht besser, heißt es dann oft – manchmal hämisch, manchmal enttäuscht. Wieder andere geben zu bedenken, dass Religion nun einmal so sei, sie führe immer zu Auseinandersetzungen, weil jeder den Anspruch erhebt, die Wahrheit zu besitzen, Streit, Parteiungen seien also unausweichlich – und gelegentlich sogar Gewalt. „Es wurde mir nämlich . . . berichtet, dass es Zank und Streit unter euch gibt“, schreibt der Apostel Paulus an die christliche Gemeinde in Korinth. Die einzige Möglichkeit solchen Zerwürfnissen zu entgehen – außer natürlich ganz auf Glauben zu verzichten – sehen nicht wenige Menschen heutzutage offenbar darin, den Glauben inhaltlich völlig zu entleeren. Er wird zu einem bloßen Gefühl der Geborgenheit, des Getröstet-Seins, des Eins-mit-sich-selber-Seins. Sind das die einzigen Möglichkeiten? Kann Glauben nur ein bloßes Gefühl ohne Inhalt sein – oder andernfalls dann doch die Ursache für Streit und Zerwürfnisse?

Glauben als bloßes Gefühl, als Gestärkt- und Getröstet-Sein ohne irgendeinen Anspruch zu erheben, der einen anderen in der Entfaltung seiner Persönlichkeit behelligen könnte – das ist nicht mehr als eine Kulisse, die nicht halten kann, was sie verspricht. Was ist denn ein Gefühl, hinter dem nicht auch eine Wirklichkeit steht? Gar nichts! Schauen wir doch einfach auf den zwischenmenschlichen Bereich. Wenn sich ein Mensch geborgen fühlt, dann tut er das, weil ein anderer Mensch hinter ihm steht, weil er sich dessen Zuneigung gewiss ist. Wenn ein Mensch sich getröstet fühlt, dann tut er es, weil ein anderer Mensch ihm beisteht, weil er sich sicher ist, dass der andere ihn nicht im Stich lässt. Gefühle sind leer, ja einem Drogenrausch vergleichbar, wenn sie nicht auch einen Grund in der Wirklichkeit haben. Das gilt auch für den Glauben. Wenn der Glaube trösten und ermutigen soll, dann frage ich, wodurch, wer steht hinter mir und spendet mir Trost, wer verlässt mich nicht, so dass ich Geborgenheit erfahren darf? Und schon sind wir bei der Frage nach Gott, nach seinem Wesen, bei der Frage, wie er zu uns Menschen steht – kurz gesagt: bei der Frage nach Inhalten. Glaube als bloßes Gefühl ohne Inhalt ist wie der Versuch, sich einzureden, die Kulisse eines Hauses auf der Theaterbühne sei ein wirkliches Haus, in dem man leben könne – es mag sogar eine Weile gut gehen, aber empfehlenswert ist es nicht.

Sind also Auseinandersetzungen und Streitigkeiten doch unvermeidbar – wie schon in der frühchristlichen Gemeinde in Korinth, an die Paulus schreibt? Nur rund 25 Jahre nach Tod und Auferstehung Jesu ist der erste Korintherbrief entstanden, er ist somit eines der ältesten Schriften des Neuen Testaments, und schon damals herrschte nicht die reine Harmonie. Das mag ein wenig ernüchternd klingen – vielleicht aber für den ein oder anderen auch tröstlich. Versuchen wir erst ein bisschen klarer zu sehen, was Glaube ist, bevor wir seinen scheinbar unausweichlichen Zusammenhang mit Streitigkeiten in den Blick nehmen. Der Glaube prägt uns – eben weil er nicht inhaltsleer sein kann – eine lebendige Idee ein. Eine solche Idee jedoch ist nicht einfach ein Paket von Sätzen, sondern etwas Lebendiges, Bildhaftes, an dem der Mensch immer neue Seiten und Aspekte entdeckt und das er zu unterschiedlichen Zeiten unterschiedlich ausdrückt. Und selbst wenn der Glaube sich in einem Satz zusammenfassen ließe, so müsste auch dieser Satz immer wieder erklärt und ausgelegt werden. Unterschiedliche Menschen werden unterschiedliche Erklärungen haben. Diese Erkenntnis zeigt, dass Meinungsverschiedenheiten sich im Bereich des Glaubens – wie auch sonst im Leben – nicht vermeiden lassen, denn sonst wäre der Glaube nichts Lebendiges, sondern nur ein totes Ding, über das sich alle schnell einig wären. Deshalb muss immer wieder geschehen, was Paulus einfordert, wenn er sagt: „Ist denn Christus zerteilt? Wurde Paulus für euch gekreuzigt?" Es braucht immer wieder die Rückbesinnung auf die Wurzel, den Ursprung – und das ist für uns als Christen Leben, Tod und Auferstehung Jesu von Nazareth. Kann ich noch die Verbindung zwischen dem, was ich erkannt habe, und dem Ursprung auch den anderen einleuchtend erklären? Klar ist, dass dies nur gelingen kann, wenn wir dem Beistand des Heiligen Geistes vertrauen, den Jesus ja seinen Jüngern verheißen hat, und wenn es einen Dienst der Einheit gibt, der die Aufgabe, die Paulus für die Gemeinde von Korinth wahrnimmt, heute weiterführt. Eben dieser Dienst ist die Aufgabe des Amtes in der Kirche, vor allem des Papstes und der Bischöfe. Miteinander glauben heißt auch immer wieder, sich zusammenzufinden und sich neu über den Glauben zu verständigen.

Manch einer mag da augenzwinkernd einwenden, dass es noch ein einfacheres Rezept gibt, um solche Meinungsverschiedenheiten zu vermeiden, nämlich wenn man es mit der Religion nicht übertreibt, wenn man sie nicht zu wichtig nimmt. So wird dem, der von seinem Glauben wirklich überzeugt ist, mehr oder weniger unterschwellig eine gewisse Neigung zur Aggression unterstellt. Das halte ich jedoch für einen wesentlichen Irrtum; ich möchte in gewisser Weise das Gegenteil behaupten. Es ist nicht der starke Glaube, der zu bösartigen Auseinandersetzungen führt oder sogar zu Gewalt, sondern viel eher ist es der starke Glaube, der solches vermeidet. Mit „stark" meine ich hier nicht die Dauer des täglichen Gebetes in Minuten, sondern dass einer wirklich der Wahrheit seines Glaubens vertraut. Der Glaube, der sich gewaltsam wehrt, der die Auseinandersetzung so führt, dass ein Miteinander verschiedener Meinungen nicht mehr möglich ist, ist mit Minderwertigkeitskomplexen beladen. Er traut der Wahrheit nichts zu, er meint, er müsse der Wahrheit durch lautes, aggressives Auftreten beispringen. Ein starker Glaube in dem Sinne, wie ich ihn beschrieben habe, braucht das nicht. Er vertraut der Wahrheit, er ist sich sicher, dass sie sich letztlich durchsetzen wird, denn sie i s t die Wahrheit, ein solcher Glaube kann der Kraft der Argumente vertrauen, ohne laut oder aggressiv zu sein. Nur so bin ich der Menschenfischer, den Jesus im Evangelium beruft.

Menschen sehnen sich nach Harmonie und Einigkeit, aber die gibt es nirgends im Leben ohne Meinungsverschiedenheiten, ohne dass man sich immer wieder auf das Gemeinsame verständigt. Ein Glauben, der auf Inhalte verzichten will, gleicht eher der Verwechslung einer Theaterkulisse mit einem wirklichen Haus, man kann eben nicht darin wohnen. Der Glaube prägt uns eine lebendige Idee ein, die bildhaft und kraftvoll ist und an der wir stets neue Seiten entdecken. Sich auf das Gemeinsame zu verständigen heißt folglich, sich rückzubinden an den Ursprung – und das ist für uns als Christen Leben, Tod und Auferstehung Jesu von Nazareth. Kann ich noch die Verbindung mit dem Ursprung auch den anderen einleuchtend erklären? Wer der Wahrheit seines Glaubens vertraut, der braucht kein lautes und aggressives Auftreten, denn er kann sich mit einem Wort des seligen John Henry Newman sagen: Veritas praevalebit – die Wahrheit wird stärker sein.

„Wir amüsieren uns zu Tode!“

5. Sonntag im Jahreskreis (Lesejahr A; 1 Kor 2,1-5)

Höher, schneller weiter – dieses Motto setzt Leistungssportler unter Druck, den immer höher geschraubten Erwartungen eines anspruchsvollen Publikums gerecht zu werden – mit den bekannten Folgen des einen oder anderen Mittelchens zur Leistungssteigerung. Solches Doping würden wohl eine ganze Menge Leute auch ganz gern der Kirche verabreichen, damit sie interessanter, spannender und unterhaltsamer wird. So sehr das – zumindest in dieser Ausprägung – eine Erscheinung unserer Zeit ist, so klar ist ebenfalls, dass es diese Erwartung in ähnlicher Weise schon früher gab - sogar in biblischer Zeit. „Meine Botschaft . . . war nicht Überredung durch gewandte und kluge Worte, . . . damit sich euer Glaube nicht auf Menschenweisheit stützte, sondern auf die Kraft Gottes“, schreibt Paulus an die christliche Gemeinde in Korinth. Man hatte ihm offensichtlich vorgeworfen, dass seine Performance – so würde man neudeutsch sagen –, also sein Auftritt mangelhaft war, nicht ansprechend, unterhaltsam genug. Man hatte diesbezüglich in der Antike durchaus hohe Erwartungen, die Kunst der Rede galt als etwas sehr Wichtiges. Das Problem scheint also ein altes zu sein. Muss das Christentum nun endlich unterhaltsamer und spannender werden, damit es nicht irgendwann von den Menschen aussortiert wird?

„Wir amüsieren uns zu Tode“ – schon in den 80er Jahren des vergangenen Jahrhunderts schrieb der US-amerikanische Schriftsteller Neil Postman ein Buch mit diesem Titel. Das Leben hat Höhen und Tiefen, es ist manchmal lustig und manchmal traurig, es geht manchmal leicht und oft genug schwer und mühsam – wer dieser banalen Erkenntnis durch die Forderung, dass alles Spaß machen müsse, ausweichen will, der ist bald nicht mehr lebensfähig. Wer ständig neue Höhepunkte in seinem Leben braucht, der hat bald nichts mehr, was ihn unterhält. Feste haben nur dann einen Sinn, werden nur als etwas Besonderes erlebt, wenn es daneben den Alltag gibt. Das bedeutet aber nicht, dass wir uns als Kirche nun zurücklehnen und uns geradezu bemühen, alles ganz besonders unspektakulär und langweilig zu gestalten, um der Mehrheit zu zeigen, wie falsch sie liegt, und uns in unserer kleinen Nische freuen, wie sehr die anderen unrecht haben. Auch wenn Paulus sagt, dass er nicht durch besonders gewandte und kluge Worte überzeugen wollte, so wird in seinen Briefen doch deutlich, dass er ein ganz guter Autor ist, ja auch er benutzt rhetorische Stilmittel und hält sich an die damals üblichen Briefformen. Der Auftrag der Kirche ist es zwar nicht, einfach zu unterhalten, aber sie muss doch ihre Botschaft so formulieren, dass sie verstanden werden kann. Das ist eine Gratwanderung – die der Kirche zugegebenermaßen oft genug misslingt: der notwendige Versuch, Menschen zu erreichen, ohne dem allgemeinen Grundsatz zu erliegen, der da heißt: Form statt Inhalt, Hauptsache, es macht Spaß!

Ich würde sogar einen Schritt weitergehen und behaupten, dass jener Versuch, die Kirche zu einem Teil der Unterhaltungsindustrie zu machen, nicht nur aus den eben beschriebenen allgemein-menschlichen Gründen – „wir amüsieren uns zu Tode" – falsch ist, sondern auch seinem Wesen widerspricht. Paulus sagt, dass im Mittelpunkt seiner Verkündigung Christus als der Gekreuzigte steht. Der Gott, an den wir glauben, der Gott, der Mensch wird und am Kreuz stirbt, ist ein Gott der leisen Töne, der Einfachheit, der Schlichtheit, der gekreuzigte Gott entzieht sich aller oberflächlichen Inszenierung. Er lässt sich nur „sub contrario" finden – also unter dem Gegenteil, da wo er nicht einfach erwartet wird –, wie es Martin Luther einmal gesagt hat. Der Prophet Elija hat das schon im Alten Testament erfahren, als Gott sich ihm nicht im Sturm, Feuer oder Erdbeben zeigte – das würde man als angemessene Inszenierung erwarten –, sondern im leisen Säuseln eines kaum spürbaren Windes. Es braucht die Stille, die Konzentration, das Sich-Einlassen auf das, was sich nicht auf den ersten Blick erschließt, auf den Weg, den Gott zu uns gewählt hat. „Das ist mein Leib, das ist mein Blut", das hat Jesus über die gänzlich alltäglichen, unspektakulären Zeichen von Brot und Wein gesagt, das ist die schlichte Inszenierung – wenn man so sagen will –, die Gott selbst gewählt hat.

Man kann aus dem bisher Gesagten auch den Schluss ziehen, dass das Christentum zu viel von uns Menschen verlangt. Wir brauchen das Großartige, das Laute, dem dieser Gott sich offenbar entzieht. Ist das wirklich so? Was kann denn in einem Moment der Stille passieren, in dem ein Mensch einen ehrlichen und offenen Blick auf sein Leben wirft? Der Mensch zeigt sich, so wie er ist, es zeigt sich, was Mensch-Sein ausmacht, es zeigen sich Elend und Größe des Menschen zugleich, verdichtet in einem einzigen Augenblick, so würde es wahrscheinlich der große Philosoph des 17. Jahrhunderts, Blaise Pascal, sagen. In einem solchen Moment offenbart sich die Größe des Menschen, er ist das einzige Lebewesen, das über sich selbst nachdenken kann und nicht nur von seinen Instinkten gesteuert ist, er kann eben diesen Abstand zu sich selbst nehmen, kann nachdenken, was richtig und was falsch, was gut und böse ist. Eben diese Haltung ist auch Voraussetzung für Liebe und Wohlwollen dem anderen Menschen gegenüber: indem ich auf Abstand zu meinen Interessen gehe und wahrnehme, dass auch der andere ein denkendes und fühlendes Wesen ist. Doch zugleich wird in der Stille auch das Elend des Menschen sichtbar, seine Unfähigkeit, das, was er als richtig erkannt hat, auch konsequent zu tun, seine Unsicherheit, was das Richtige ist, und die Tatsache, wie oft er sich über all das hinweggesetzt hat und sich und andere verletzt hat. Diese Momente der Stille sind nichts Unmenschliches, sondern fordern im Gegenteil den Menschen nur auf, in den Spiegel zu sehen und sich selbst zu erkennen – in der ihm eigenen Größe und im ihm eigenen Elend.

Das Spannende, Laute und Unterhaltsame gehört zu unserem Leben dazu, aber es ist eben nicht alles. Das Leben hat Höhen und Tiefen, manchmal ist es leicht und manchmal schwer, niemand kann sich dem entziehen. Der Gott, an den wir als Christen glauben, ist ein Gott der leisen Töne, der Einfachheit und der Schlichtheit, der sich jeder oberflächlichen Inszenierung entzieht. Er ist der Gott, der am Kreuz gestorben ist. Die Schlichtheit, die Stille, die zu ihm hinführt, ist nichts Unmenschliches, nichts, was den Menschen von sich wegführt, sondern im Gegenteil den Menschen nicht nur zu Gott, sondern zu sich selbst führt. So erkennt der Mensch seine Größe, seine Fähigkeit zu lieben, aber auch seine Grenzen, seine Unsicherheit und sein Scheitern, konsequent zu lieben. Doch nur in dieser Ehrlichkeit begegnet er Gott, der selbst Mensch geworden ist, um sich mit uns zu versöhnen. So ist das Kreuz nicht das Letzte, sondern die Auferstehung, die unverbrüchliche Gemeinschaft mit Gott, der das Leben selbst ist.

Glauben und Wissen ergänzen einander!

7. Sonntag im Jahreskreis (Lesejahr A; 1 Kor 3,16-23; Mt 5,38-48)

„Wissen ist Macht“, sagte im 16. Jahrhundert der Philosoph und Wegbereiter der modernen Naturwissenschaft Francis Bacon. Die Welt ist seither seiner Wegweisung mehr oder weniger gefolgt, denn das Wissen – und vor allem dasjenige, das in den Naturwissenschaften erworben wird – ermöglicht uns die Bequemlichkeiten des modernen Lebens. So erscheint die Welt als mehr und mehr beherrscht und auch erklärt. Religion und Glauben sind aus heutigem Blickwinkel Haltungen der Vergangenheit, eine Folge der Hilflosigkeit des Menschen, der sich die Welt nicht erklären konnte und ihr schutzlos ausgeliefert war. Der Glaube kann heute – allerhöchstens – noch einen kleinen Winkel beanspruchen, in den Menschen flüchten können, wenn sie angesichts der Unwägbarkeiten des Lebens doch noch ein bisschen Unsicherheit verspüren, z.B. in einem Trauerfall. Dennoch scheint der Glaube nicht mehr zu sein als eine Art Brückentechnologie, bis wir endlich alles begriffen haben. Der Apostel Paulus spielt dieser Weltsicht offenbar in die Hände, wenn er in seinem ersten Korintherbrief schreibt: „Die Weisheit dieser Welt ist Torheit vor Gott." Gehen Glauben und Wissen wirklich nicht zusammen? Muss der moderne Mensch sich aufspalten, wenn er noch glauben will – in den Menschen des Alltags, in dem das Wissen vorherrscht, und in den Glaubenden?

Jeder, der den Glauben noch nicht endgültig aufgegeben hat, spürt wohl eine gewisse Spannung zwischen Glauben und Wissen. Einerseits will der Mensch immer mehr wissen und die Welt sich dienstbar machen, anderseits verlangt der Glaube ein Vertrauen in einen Gott, der eben in den Kategorien dessen, was mess- und zählbar ist, überhaupt nicht auftaucht. Diese Spannung allein ist kein Argument gegen ein mögliches Miteinander von Glauben und Wissen. Jede Einheit, die unserer Erfahrung zugänglich ist, ist zusammengesetzt, und die unterschiedlichen Teile darin tragen sich in gegenseitiger Spannung. Das gilt auch für den Menschen. Unterschiedliche Richtungen, Launen und Möglichkeiten stecken in uns, mal zieht es uns dahin, mal dorthin, jeder Mensch ist selbst eine spannungsvolle Einheit, und manchmal fragt man sich wohl, war das wirklich ich, wenn man ein Ereignis, das eine Woche oder gar ein Jahr her ist, betrachtet. Auch jede Gruppe ist eine spannungsvolle Einheit, sie besteht aus unterschiedlichen Einzelpersönlichkeiten mit unterschiedlichen Ansätzen und Meinungen. Man könnte viele andere Beispiele anführen. Kurz gesagt – jede Einheit, die unserer Erfahrung zugänglich ist, ist spannungsvoll und besteht aus unterschiedlichen Teilen, die gerade in ihrer spannungsvollen Beziehung zueinander das Ganze tragen und ermöglichen. Dass Glaube und Wissen in einer gewissen Spannung zueinander stehen, macht also in keiner Weise unmöglich, dass sie in irgendeiner Weise zusammengehen.

Der Glaube fragt nach dem Wozu und Warum der Welt, das Wissen, vor allem wie es in der Naturwissenschaft gesammelt wird, nach dem Wie. Glauben und Wissen schauen aus unterschiedlichen Blickwinkeln auf dieselbe Wirklichkeit. Warum ich etwas tue – aus Freude, aus Neugier, aus Liebe usw. –, kann nie einfach durch das, was mess- oder zählbar ist, erfasst werden. Doch auch mit dieser Erkenntnis bleibt eine gewisse gegenseitige Abstoßung zwischen Glauben und Wissen. Ich meine, dass dies auch daran liegt, dass beide unterschiedliche Formen der Gewissheit, des Sicher-Seins sind. Beiden – Glauben und Wissen – geht es darum, dass der Mensch eines bestimmten Inhalts oder einer Beziehung sicher ist, dass er Gewissheit davon hat. Dem Glauben geht es z.B. um die Gewissheit, dass es Gott gibt, der Wissenschaft um die Gewissheit, dass die Erde rund ist oder dass sich bestimmte Stoffe in einer bestimmten Weise verhalten. Glauben und Wissen unterscheiden sich nicht dadurch, dass eines von beiden weniger Gewissheit umfasst. Menschen haben ihr Leben aufgrund dieser Gewissheit im Glauben gegeben, wir nennen sie Märtyrer. Wir verwenden das Wort „glauben“ hier ja nicht in der Bedeutung, die es im Alltag oft hat, nämlich „vermuten“. Nein, hier geht es um seine religiöse Bedeutung, also um Vertrauen, um eine bestimmte Form der Gewissheit. Wie unterscheiden sich nun diese beiden Formen der Gewissheit, des Sicher-Seins?

Das Wissen baut seine Gewissheit darauf auf, dass seine Erkenntnisse grundsätzlich für jedermann nachprüfbar und einsehbar sind. Ein naturwissenschaftliches Experiment ist nur dann gelungen, wenn es unter gleichen Bedingungen von jedermann wiederholt werden kann. Die Einschätzung eines Historikers ist nur dann wissenschaftlich, wenn er seine Gründe offen legen und erklären kann, so dass sie auch anderen einleuchten. Wissen ist also eine Form der Gewissheit, die vom Einzelnen unabhängig ist. Glauben ist dagegen eine Form der Gewissheit, bei der es entscheidend auf den Einzelnen ankommt. Hier entsteht die Gewissheit, indem etwas meine ganze Person sozusagen durchläuft, alles, was mich ausmacht, bildet die Grundlage dieser Gewissheit, meine Erfahrungen, meine Gefühle, meine Begabungen, mein Verstand, meine Hoffnungen, meine Sehnsüchte – eben alles, was mich ausmacht, was niemals an einem Stück aufgezählt werden kann, bildet die Grundlage für die Gewissheit des Glaubens. Glauben ist also eine ganz persönliche Form der Gewissheit, während Wissen eine Form der Gewissheit ist, die nichts Persönliches hat, weil sie grundsätzlich allen offen steht. Diese beiden Formen der Gewissheit mögen in Spannung zueinander stehen, aber sie brauchen und ergänzen einander. Wenn Wissen die einzige Form der Gewissheit ist, geht verloren, was den Einzelnen ausmacht, was nicht mess- oder zählbar ist, seine Hoffnungen, Sehnsüchte usw. Wenn Glauben meint, das Wissen ausschließen zu können, geht verloren, was die Menschen verbindet, jeder driftet in seine eigene Welt ab und wird zum fundamentalistischen Vertreter seiner eigenen Weltsicht. Wenn Paulus gegenüber den Korinthern die Gewissheit des Glaubens betont, dann wohl deswegen, weil die griechische Gesellschaft das Wissen hoch schätzte, den Glauben aber kaum kannte. Deshalb spitzt Paulus – wie es seine Art ist – zu: ohne Glauben wird das Wissen zur Torheit. Doch erst beide zusammen ergeben das Ganze. Wenn Jesus im Evangelium sagt „seid vollkommen“, dann ist das auch nicht einfach eine moralische Aufforderung, sondern der Aufruf, eben das Ganze zu wagen und sich nicht mit Einseitigkeiten zufrieden zu geben.

Glauben und Wissen bilden zusammen das Ganze, sie sind unterschiedliche Formen der Gewissheit, des Sicher-Seins, die einander ergänzen. Zusammengehören, eine Einheit bilden, das ist eben auch ein spannungsvolles Miteinander und Zueinander. Glauben ist die persönliche Form der Gewissheit, alles, was mich ausmacht, bildet ihre Grundlage. Wissen ist eine Form der Gewissheit, die allen offen steht, die für alle nachvollziehbar sein soll. Beide gehören zusammen, sonst geht entweder das Besondere des Einzelnen oder das Gemeinsame verloren. Gott hat uns beides geschenkt: die Fähigkeit zu wissen und zu glauben.

Zufall oder Vorsehung?

8. Sonntag im Jahreskreis (Lesejahr A; Jes 49,14-15; Mt 6,24-34)

Zufall oder Vorsehung? Mancher Glaubende – und vielleicht auch der eine oder andere Fragende und Suchende – stellt sich wohl gelegentlich diese Frage. Ist es Zufall, was mir geschieht, Ergebnis ungesteuerter, gesichtloser Vorgänge, oder ist es in irgendeiner Weise Fügung, Schicksal oder sogar das, was der christliche Glaube die göttliche Vorsehung nennt? „Sorgt euch nicht um euer Leben . . . Euer himmlischer Vater weiß, dass ihr das alles braucht", sagt Jesus im heutigen Evangelium. In den provozierenden, aufrüttelnden Worten, wie sie für die Bergpredigt typisch sind, fordert Jesus seine Jünger auf, sich nicht in der Sorge um das tägliche Klein-Klein aufzuzehren, sondern eben dieser göttlichen Vorsehung zu vertrauen, Gott wird die Dinge zum Besten fügen. Wird er? Die Frage muss erlaubt sein. Können wir im 21. Jahrhundert noch der göttlichen Vorsehung trauen, oder steckt darin nur die Ängstlichkeit und Unwissenheit vergangener Zeiten – oder auch die Naivität eines galiläischen Wanderpredigers?

Nur ein kurzes Nachdenken bringt uns scheinbar die besten Gegenargumente. Wie viele Menschen sind in ihrem Leben gescheitert, haben erfahren müssen, dass sie anderen gleichgültig geworden sind und ihre Ziele nie erreichen werden! Wo bleibt da die göttliche Vorsehung, die angeblich doch alles zum Guten führt? Malen wir uns nur für einen Augenblick aus, es wäre anders, Gott würde diese Welt wirklich aktiv leiten und schützen, immer wieder greift die große Hand vom Himmel herab, hält uns auf und sagt: bis hierher und nicht weiter, sonst passiert dir etwas Schlimmes! Wollen wir das wirklich? Aus uns Menschen würden so nur belanglose Marionetten oder Spielfiguren auf einem großen Feld, die ein anderer bewegt. Offenbar tragen wir zwei Sehnsüchte in uns, die einander irgendwie widersprechen und die uns in diesem Widerspruch – sagen wir es vorsichtig – an der göttlichen Vorsehung zweifeln lassen. Einerseits ist da die Sehnsucht nach dem Happyend oder – weniger hollywoodmäßig formuliert – die Sehnsucht nach dem Gelingen meines Lebens. Auf der andern Seite lebt in uns die Sehnsucht nach Freiheit, wir wollen unser Leben selbst gestalten, wollen nicht fremdbestimmt sein, sondern stolz auf das, was eben wir geschafft haben. Wenn Gott uns in dem eben beschriebenen Sinne leitet, sind wir nicht frei, wenn wir aber frei sind, dann ist oft genug nichts mit Happyend, dann gehört das Scheitern zum Leben. Unsere Alltagserfahrung ist wahrscheinlich von letzterem beherrscht. Zwar nicht im Sinne völliger Unabhängigkeit, aber innerhalb gewisser Grenzen erfahren wir uns und andere als frei, was oft genug auch zur Folge hat, dass unsere Fehler oder auch die Fehler anderer uns einholen und scheitern lassen. Manchmal gibt es wohl auch die Erfahrung, dass die Umstände uns sozusagen entgegenkommen, als habe ein anderer sie zu unseren Gunsten gefügt. Was ist nun mit der göttlichen Vorsehung, wird sie zerrieben zwischen unseren einander widersprechenden Sehnsüchten nach Freiheit und gelingendem Leben? Müssen wir letztlich doch alles, was uns als Vorsehung erscheint, als Zufall verbuchen, weil sonst unsere Freiheit nur Einbildung wäre?

Ich meine, dass das, was uns als Widerspruch erscheint, eigentlich gar kein Widerspruch ist. Wenn wir den Eindruck haben, die Umstände seien zu unseren Gunsten gefügt, wenn wir also einen Hauch dieser göttlichen Vorsehung spüren, sind wir nicht enttäuscht, weil unsere Freiheit in Gefahr ist, sondern wir freuen uns, weil uns etwas gelingt. Umgekehrt – wenn wir scheitern, weil wir in unserer Freiheit einen Fehler gemacht haben, sind wir enttäuscht, anstatt uns darüber zu freuen, dass sich gezeigt hat, dass wir eben doch keine Marionetten sind, sondern freie Menschen. Kurz gesagt – wenn die eine Sehnsucht, z.B. die nach einem gelingenden Leben, nicht erfüllt wird, freuen wir uns nicht darüber, dass wenigstens die andere – die Sehnsucht nach Freiheit – erfüllt wurde. Das liegt daran, dass diese beiden eigentlich gar keine verschiedenen Sehnsüchte sind, sondern letztlich ein und dieselbe: die Sehnsucht nach gelingender Freiheit. Ich wage einmal diesen großen Satz: der Mensch sehnt sich danach, dass sein Leben in Freiheit gelingt.

Romano Guardini, der große Religionsphilosoph und Theologe, hat einmal gesagt: „Der Mensch ist dann frei, wenn er ist, was er seinem Wesen nach sein soll." Gelingen in Freiheit – das heißt, dass immer wieder durchscheint, wer ich bin. Weinen und Lachen, das gehört zum menschlichen Leben dazu, in manchem Lebensabschnitt mehr das eine als das andere. Doch immer hat beides eine Färbung, die einzigartig ist, niemand lacht oder weint wie ich. Alle meine Eigenschaften mögen sich – wenn auch in anderer Zusammensetzung – in meinen Mitmenschen ebenso finden, manche Eigenschaften verändern sich im Laufe eines Lebens, aber alles hat eine bestimmte Färbung, eine bestimmte Art und Weise, die allem Einzigartigkeit verleiht und bei der durchscheint, wer ich bin. Das ist gelungene Freiheit. Mit dieser Sicht ist die Vorstellung einer göttlichen Vorsehung nicht mehr unvereinbar, sie erscheint nicht als die große Leitung, die mich zu einem Spielstein macht, der von einem anderen bewegt wird, sondern als Hilfe zur gelungenen Freiheit, damit in allem, was geschieht, ich selbst durchscheine – sei es im Lachen oder Weinen. Göttliche Vorsehung ist nicht zuerst etwas, was mir ein schönes Umfeld bereitet, so als sei ich ein Haustier, das einen schönen Käfig braucht, sondern etwas, das mir helfen will, ich selbst zu sein. M.E. denkt der Mensch zu oft, dass die Welt anders – und das heißt selbstverständliche besser – wird, wenn die anderen oder die Umstände sich ändern. So wird vergessen, dass die Welt – und damit meine ich in diesem Fall nicht die ganze Erde, sondern meine Welt, also meine Umgebung – sich wohl am meisten ändert, wenn ich mich ändere oder wenigstens ein etwas anderes Verhältnis zu mir selbst habe.

Über diese göttliche Vorsehung und ihre Möglichkeiten und Grenzen ist im Laufe von zwei Jahrtausenden Christentum viel nachgedacht worden. Jesus hat sie in ein Bild gefasst, in das des treusorgenden Vaters, ein Bild, das er – zumindest in Ansätzen – schon im Alten Testament gefunden hat. Dort findet sich auch – zur Überraschung mancher – das Bild Gottes als liebender Mutter, wir haben es in der Lesung aus dem Buch Jesaja gehört. Der Mensch sehnt sich nach dem Gelingen seines Lebens und nach Freiheit. Was auf den ersten Blick als Widerspruch erscheinen kann, ist es meiner Meinung nach gar nicht. Letztlich ist es ein und dieselbe Sehnsucht nach dem Gelingen des Lebens in Freiheit. Freiheit gelingt, wo ich selbst in meinem Tun und Lassen immer wieder durchscheine, wo die einzigartige Färbung, die zeigt, wer ich bin, aufleuchtet. Gottes Vorsehung ist Hilfe zur gelungenen Freiheit. Er tritt mir in dieser Welt immer wieder entgegen, damit ich ich selbst sein kann.

Wer wagt, gewinnt!

9. Sonntag im Jahreskreis (Lesejahr A; Mt 7,21-27)

„Ein feste Burg ist unser Gott", dichtete einst Martin Luther. Doch längst scheinen die Bastionen dieser Burg geschleift zu sein. Die meisten Menschen interessiert die Frage nach Gott überhaupt nicht mehr, und für viele andere ist der Glaube höchstens noch eine Zutat, eine Ahnung, dass da noch etwas ist. Eine feste Burg? Keine Spur! Dafür ist der Glaube und alles, was damit zusammenhängt, eine viel zu unsichere Angelegenheit. „Wer diese meine Worte hört und danach handelt, ist wie ein kluger Mann, der sein Haus auf Fels baute", mit diesen Worten beendet Jesus die Bergpredigt. Seine Worte, der Glaube an ihn sollen das sein, worauf der Mensch baut. Wie geht das mit all der Unsicherheit und Offenheit, die Menschen im Zusammenhang mit Glaubensfragen heute verspüren, zusammen? Wie kann der christliche Glaube auch heute noch ein tragendes Element des Lebens sein?

Wenn wir die Worte Jesu genau betrachten, so fällt auf, dass er an dieser Stelle kein Bekenntnis von seinen Jünger erwartet, sondern dass es ihm um das Tun geht. „Wer diese meine Wort hört und danach handelt . . ." Jesus behauptet hier eine eigenartige Struktur. Normalerweise heißt doch Sicherheit haben, sich über etwas Klarheit zu verschaffen, um so einen guten Stand zu gewinnen und dann handeln zu können. Erst sichere ich meinen Standpunkt, habe Gewissheit über etwas, die mir Sicherheit gibt, über eine Beziehung, über meine Fähigkeiten, über das Vertrauen anderer Menschen, das mich zum Anführer macht, über meinen Glauben usw. und kann dann aus dieser Sicherheit heraus handeln und auch etwas wagen. Jesus behauptet etwas anderes: nicht erst Sicherheit gewinnen und dann handeln und etwas wagen, sondern im Wagnis selbst, im Sprung ins Ungewisse wird die Sicherheit erfahrbar, die er verspricht. Im Mittelalter war der Gottesglaube selbstverständlich und gewiss, die Neuzeit hat ihn als ungewiss, als ein Wagnis entlarvt. Nach Jesu Worten zeigt sich die Sicherheit erst für den, der den Glauben wagt. Ist das nicht ein Widerspruch in sich? Keineswegs! Immer wenn es um den Menschen selbst und die Grundfragen des Lebens geht, gilt diese Grundregel: Sicherheit gibt es nicht vorher, sie wird erst im Wagnis selbst erfahrbar. Eine Freundschaft oder Partnerschaft muss ich wagen, eingehen, erst dann zeigt sich, ob sie tragfähig ist. Nur indem ich eine Freundschaft lebe, wird sie mir Sicherheit geben. Ich kann das nicht vorausberechnen. Sicher gibt es ein Kennenlernen, ein langsames Entstehen eines Vertrauensverhältnisses, aber wiederum zeigt sich, dass jeder Schritt auf diesem Weg ein kleines Wagnis ist, erst wenn ich auf dem Boden stehe, merke ich, ob er mich trägt. Auch bei meinen Fähigkeiten gilt ähnliches. Niemand – auch nicht der sehr Begabte – ist einfach der geborene Musiker, er muss ein Instrument kennen lernen und üben, ist vielleicht vor einem ersten großen Konzert aufgeregt, fragt sich, kann ich das, spürt keinerlei Sicherheit, und dann beginnt er zu spielen, er merkt, die Finger gehorchen ihm, es fällt ihm leicht, die Menschen hören gespannt zu, und mit jeder Minute, die das Konzert dauert, wird er ruhiger und sicherer. Sicherheit gibt es für den, der den Sprung ins Ungewisse wagt. Was Jesus hier fordert, ist also nichts Abstruses, Widersprüchliches, sondern etwas, das uns aus unserem Leben gut bekannt ist.

Warum aber ist das so? Warum kann ich nicht erst Stand gewinnen und dann etwas wagen – jedenfalls wenn es um die Grundfragen des Lebens geht? Alles, was meinem Leben Halt gibt und mich trägt, beruht auf einer Entscheidung und damit auf einem Wagnis. Es gibt nicht den Grund, der einfach da ist, auf den ich mich vor jeder Entscheidung stellen kann, und von dem ich ausgehen kann. Das Beispiel Jesu vom Hausbau zeigt das sehr schön. Ich entscheide mich für einen Grund, auf dem ich baue. Das ist – wie jede Entscheidung – ein Wagnis. Das Leben in diesem Haus wird zeigen, ob der Grund trägt, ob ich die Sicherheit finde, die ich gesucht habe. Weil das Leben des Menschen frei und offen ist, kann es auch gar nicht anders sein. Wenn wir schon von vornherein auf einen unbezweifelbaren Grund gestellt wären, dann wären wir nicht frei. Die Freiheit und Offenheit unseres Daseins nötigen uns immer wieder zu Entscheidungen und Wagnissen, in denen allein wir Sicherheit finden können. Es ist also sinnlos zu sagen, der Glaube an Gott ist mir eine zu unsichere Angelegenheit, ich suche mir etwas Sichereres als Grundlage für mein Leben. Was ein tragfähiges Element meines Lebens ist, muss ich selbst entscheiden und damit ein Risiko eingehen.

Auch wer diese Beschaffenheit des menschlichen Lebens zugibt, muss sich deshalb noch nicht für den Glauben an Gott entscheiden. Und doch verweist uns eine noch genauere Betrachtung eben dieser Beschaffenheit des Lebens auf Gott. Ganz offensichtlich sehnt sich der Mensch – oder sagen wir es vorsichtiger –, sucht der Mensch nach einem unbezweifelbaren Grund, der ihn trägt. Dieser letzte Grund kann nur etwas sein, das hält und trägt, ohne selbst gehalten und getragen zu sein. „Und das nennen alle Gott", würde der große Theologe des Mittelalters, Thomas von Aquin, wohl an dieser Stelle sagen. Was den Menschen vom Glauben wegtreibt, die Unsicherheit, die er darin fühlt, sollte ihn eigentlich zum Glauben führen, denn in dieser Unsicherheit steckt die Sehnsucht nach dem, was hält und trägt, ohne wiederum selbst gehalten und getragen zu sein – nach Gott. Die Suche des Menschen nach diesem letzten Grund und die Notwendigkeit, sich für einen Grund zu entscheiden, weil der uns nicht einfach in unbezweifelbarer Weise gegeben ist, zeigt nicht nur, was Glauben ist, sondern auch, wer Gott und Mensch sind. Der Mensch ist wesenhaft auf Gott bezogen – sein Ebenbild, sagt die Bibel –, aber er muss und darf in Freiheit den Schritt auf Gott zumachen.

„Ein feste Burg ist unser Gott". Luther hat den Text an Psalm 46 angelehnt. „Gott ist uns Zuflucht und Stärke", heißt es da. Damit Gott Zuflucht sein kann, muss ich erst Schutz bei ihm suchen. Der Glaube ist ein Wagnis, erst indem ich das Wagnis eingehe, kann ich Sicherheit erfahren. Es wäre sinnlos zu sagen, das ist mir zu riskant, ich suche mir etwas Sichereres. Weil unser Leben offen und frei ist, beruht alles, was unserem Leben Halt gibt, auf einer Entscheidung und birgt damit ein Risiko. Dennoch sehnt der Mensch sich offenbar nach einem letzten, unbezweifelbaren Grund. Das kann nur Gott sein, er allein hält, ohne selbst gehalten zu sein. Was den Menschen vom Glauben wegtreibt, die Unsicherheit, die er darin fühlt, sollte ihn eigentlich zum Glauben führen, denn in dieser Unsicherheit steckt die Sehnsucht nach eben dem, was hält und trägt, ohne wiederum selbst gehalten und getragen zu sein – nach Gott. Der Glaube an Gott bleibt – wie jede Beziehung – der Sprung ins Ungewisse, doch er allein führt zum Grund allen Seins – zu Gott.

„Wunder gibt es immer wieder. . ."

10. Sonntag im Jahreskreis (Lesejahr C; 1 Kön 17,17-24; Lk 7,11,17)

„Es gibt kein Wunder für den, der sich nicht wundern kann", sagte die Schriftstellerin Marie von Ebner-Eschenbach. So beschrieb sie vor gut 100 Jahren eine Entwicklung, die sich in unserer Zeit endgültig durchgesetzt hat. Mit Wundern können die meisten Menschen nichts mehr anfangen. Wunderberichte gehören in eine Zeit, in der man noch nichts von Naturgesetzen wusste, in der die Religion nur das ehrfurchtsvolle Staunen angesichts der Natur lehrte und so das bessere Verstehen der Natur, das heute Grundlage unseres Wohlstandes ist, verhinderte. Solche Wundererzählungen, wie wir sie in den Bibeltexten des heutigen Sonntags hören, zeigen nur wie rückständig Religion ist und wie dringend sie sich ändern muss, wenn sie in unserer Zeit überhaupt noch eine Chance haben will – so die gängige Meinung. So sehr wir uns vielleicht von solchen Aussagen absetzen möchten, wir können diesen Fragen nicht ausweichen, eben weil auch wir Kinder unserer Zeit sind und solche Erzählungen nicht mehr mit der Unbefangenheit vergangener Jahrhunderte betrachten können. Was sind nun also Wunder? Wozu braucht es sie? Was haben wir Menschen von solch einem punktuellen Eingreifen Gottes?

Die Bibel kennt den Begriff der Naturgesetze nicht. Jedes Handeln Gottes ist für sie wunderbar. In diesem Sinne ist auch die Schöpfung ein Wunder, ja dass es uns gibt, dass wir leben und atmen dürfen, dass heute Morgen die Sonne aufgegangen ist, all das sind im Sinne der Bibel Wunder, weil sie dahinter Gottes Wirken erkennt. Auch die Naturwissenschaft räumt heutzutage ein, dass unsere so genannten Naturgesetze Theorien sind, die keineswegs unveränderlich sind, sondern eben die bisher tragfähigsten Versuche, die Wirklichkeit aus einem bestimmten Blickwinkel heraus zu beschreiben. Erst gestern las ich in der Zeitung, dass in Italien ein winziges Teilchen erforscht wird, dessen Verhalten bisherigen Theorien widerspricht. Die Welt ist nicht so statisch und eindimensional, wie manchmal angenommen wird. Es bleibt aber die Frage, was ein solches Wunder genau ist, was haben wir von einem punktuellen Eingreifen Gottes, wie es uns die beiden Bibeltexte erzählen?

Ich meine, dass ein solch wunderbares Handeln Gottes genau der Struktur, d.h. der Beschaffenheit unseres menschlichen Begreifens entgegenkommt. Auch wenn ein Verstehensprozess gelegentlich über längere Zeit dauert – man liest hier und dort etwas nach, informiert sich bei dem und dem – so gibt es doch meist einen Moment, an dem die verschiedenen Fäden zusammenlaufen, eine Art Aha-Erlebnis, in dem das Entscheidende einsichtig wird. Wahrscheinlich kennen Sie die Erfahrung auch, dass man über etwas nachdenkt und es einfach nicht versteht und dann – zu einem ganz anderen Zeitpunkt – geht einem ein Licht auf. So funktioniert eben das menschliche Begreifen. Man lernt, trägt unterschiedliche Informationen zusammen, aber im Normalfall gibt es eben den einen Schlüssel-Moment, in dem man den Durchblick gewinnt. Ein Puzzle kann ein schönes Bild dafür sein. Man legt geduldig ein Teil ans andere, sucht und fügt zusammen und irgendwann ist dann der Moment, in dem man das Bild – auch wenn es noch nicht ganz fertig ist – erkennt. Auch in anderen Bereichen des Lebens gibt es ein ähnliches Schema, beispielsweise in Freundschaften oder Partnerschaften. In derartigen Beziehungen gibt es – wenn man so sagen will – besonders dichte Momente, in denen man dem anderen besonders nahe ist, die man jedoch nicht festhalten kann und die dann wieder von anderen Abschnitten abgelöst werden, in denen diese Erfahrung besonderer Nähe nachwirken kann. Das, was wir Wunder nennen, entspricht genau dieser Struktur menschlichen Daseins, es sind solche Schlüssel-Momente des Verstehens und der Nähe, in denen Menschen das Handeln Gottes in ihrem Leben er-leben. Nicht umsonst endet die Episode, die uns das Evangelium berichtet, mit dem Lobpreis der Menschen. Weil Gott für uns Menschen erfahrbar sein will, nähert er sich uns so, dass wir es verstehen können, dass es der Struktur unseres Daseins entspricht. Im Handeln Jesu scheint die Liebe Gottes auf, die gerade nicht etwas Abstraktes und Fernes ist, sondern in Jesus für Menschen in ganz bestimmten Situationen erfahrbar wird: „Als der Herr die Frau sah, hatte er Mitleid mit ihr."

Ein Problem unserer Zeit scheint mir zu sein, dass genau diese Struktur angegriffen wird, aus den Schlüssel-Momenten des Verstehens und der Nähe werden „Events" gemacht, Höhepunkte, die immer schneller aufeinander folgen müssen, während andere Phasen, in denen das Erlebte eigentlich nachklingen darf und soll, als grauer und langweiliger Alltag verachtet werden. So wird der Mensch in ein Chaos gestürzt, dem er nicht gewachsen ist und in dem Leben nicht gelingt. Ein besonderer Moment ist nichts Besonderes mehr, wenn er zum Normalfall wird, wenn die Abschnitte fehlen, in denen solch wichtige Augenblicke nachwirken können und dadurch erst in ihrer ganzen Schönheit und in ihrem ganzen Wert erkannt werden. Auf diese Weise wird das Leben nicht spannender, sondern auf die Dauer langweiliger, weil man das Besondere verliert. Eine solche Lebensweise ist dem Menschen fremder als die Wunder, wie die Bibel sie versteht. Wunder sind letztlich nichts anderes als eine Antwort Gottes auf unsere Weise des Verstehens. So wird überhaupt erst möglich, dass wir Menschen eine Ahnung von Gott bekommen, dass Gott und Mensch einander sozusagen berühren. In diesem Sinn verstandene Wunder engen den Horizont eines Menschen nicht ein, sondern weiten ihn bzw. halten ihn offen. Unser Verstehen beruht auf Wahrnehmen. Wer sich noch wundern kann, der bleibt in seiner Wahrnehmung offen und begegnet der Welt nicht schon mit einem fertigen System, in das dann alles, was er wahrnimmt, eingepasst werden muss.

„Es gibt kein Wunder für den, der sich nicht wundern kann." Diese Beobachtung Marie von Ebner-Eschenbachs trifft ganz offensichtlich zu. Wunder sind nicht einfach ein Zaubertrick, mit dem Gott seine Macht zeigt, sondern sie sind eine Antwort Gottes auf die Struktur unseres menschlichen Daseins, die erst ermöglichen, dass der Mensch glauben kann. Zu unserem Verstehen gehören bestimmte Schlüssel-Momente, in denen etwas einsichtig wird, in denen bestimmte Informationen verknüpft werden. Auch zu unseren menschlichen Beziehungen gehören besondere Momente der Nähe, die eine Freundschaft oder Partnerschaft tragen. Das Wunder meint auch einen solchen Schlüssel-Moment, in dem uns Gottes Handeln in dieser Welt bewusst wird. Das kann vieles sein: die Dankbarkeit für eine bestimmte Begegnung, die Erfahrung, dass in einer hoffnungslosen Situation doch noch etwas weiterging usw. Es gibt mehr Möglichkeiten für solche Wunder, als es Menschen gibt. Ich wünsche uns allen diese Erfahrung, damit auch wir – wie die Menschen im Evangelium – sagen können: „Gott hat sich seines Volkes angenommen."

Liebe und tu, was du willst?!

11. Sonntag im Jahreskreis (Lesejahr C; Lk 7,36-50)

„Liebe und tu, was du willst!“, sagte der heilige Augustinus. Mit diesen Worten umschreibt er den Inhalt des Christentums in einer sympathischen und leicht vermittelbaren Weise. Nicht theologische Spitzfindigkeiten, für die sich keiner interessiert, sondern Liebe, Achtung und Respekt sollen das Christentum ausmachen. Jesu Verhalten der so genannten Sünderin gegenüber, das uns der Evangelist Lukas überliefert, scheint dies zu bestätigen. Er scheut nicht den Kontakt mit dieser Frau, ein Kontakt, der für andere ein Tabu ist. Hat sich das Christentum in der Folge aber nicht allzu sehr an der Arroganz Simons, des Pharisäers, ein Beispiel genommen und ist letztlich den Weg gegangen, der für alle Religionen typisch ist? Braucht Religion, braucht das Christentum die Ausgrenzung anderer, die Bloßstellung von Menschen als Sünder, reicht es nicht aus, Liebe und Verständnis für alle zu verkünden?

Sobald ich mich zu irgendetwas bekenne, sobald ich irgendwo wirklich dazugehöre, unterscheide ich mich von anderen. Eine Familie hat ihre eigenen Rituale, ihre Geschichten, die nur die Familienmitglieder kennen, und im besten Fall noch manch anderes, was sie zusammenschweißt und damit auch von anderen unterscheidet. Ein in diesen Tagen passendes Beispiel ist wohl auch das Bekenntnis zu einer bestimmten Fußballmannschaft, das sich dann im Tragen der Vereinsfarben – oder in diesen Tagen der Nationalfarben – niederschlägt. Das gilt auch für eine Religion: Sobald ich mich bewusst für etwas entscheide, sobald ich irgendwo bewusst dazugehöre, unterscheide ich mich von anderen. Diese Unterscheidung gehört zum Mensch-Sein dazu, so entdeckt der Mensch sich selbst und was eben gerade ihn ausmacht – im Unterschied zu anderen. Diese Unterscheidung kann unter Umständen von andern als Ausgrenzung erlebt werden, wenn sie in verletzender Weise zur Schau gestellt wird, oder wenn einer sich schmerzlich bewusst wird, dass er nirgendwo dazugehört – oder doch nur zu den Verlierern. Das ändert jedoch nichts an der Tatsache, dass Sich-Unterscheiden als Einzelner oder als Gruppe zum Gelingen des Lebens gehört und grundsätzlich nichts Unanständiges ist, auch nicht bei einer Religion.

Wenn wir noch mal aufmerksam auf die Begebenheit schauen, die uns das heutige Evangelium erzählt, lässt sich leicht feststellen, dass hier noch etwas anderes geschieht als eine Unterscheidung. Diese Frau wird bloßgestellt, indem sie als Sünderin abgestempelt wird, mit der der aufrechte Gläubige keinen Kontakt hat. Widerlegt Religion sich so nicht selbst in den Augen heutiger Menschen? Muss man Menschen als Sünder ausgrenzen? Sehen wir genau auf die Gestalt dieser Frau, um das Ganze besser zu verstehen. Sie ist es, die auf Jesus zugeht und ihn durch ihre Gesten stumm um Vergebung bittet. Offensichtlich hat sie selbst den Eindruck, dass in ihrem Leben etwas schief gegangen ist. Wir Menschen nehmen in unserem Leben eine Entwicklung wahr: wenn ich 15 bin, denke ich nicht mehr wie ein Fünfjähriger, wenn ich 35 bin nicht mehr wie ein 20-Jähriger usw. Im besten Fall bedeutet diese Entwicklung, dass ich mehr Stand im Leben gewonnen habe, dass ich mehr Erfahrung habe, sicherer geworden bin. Wir Menschen nehmen also nicht nur eine Veränderung wahr, wir bewerten sie auch. Wir sagen: Es geht mir besser als früher oder schlechter, vielleicht auch ganz ähnlich – und das nicht nur auf die Gesundheit bezogen. Wenn wir aber mehr als eine bloße Veränderung in unserem Leben erfahren, nämlich eine Entwicklung, die wir als gut oder schlecht deuten, so schließt das auch die Möglichkeit einer Fehlentwicklung ein. Das ist wohl die Erfahrung dieser Frau, sie ist mit ihrem Leben in eine Sackgasse geraten und hat nun den Wunsch, vielleicht sogar die Sehnsucht nach einem Neuanfang. Auf diese Weise erschließt sich uns, was mit dem Begriff „Sünder" gemeint ist: nicht die Bloßstellung eines Menschen, sondern zuerst die Selbsteinsicht, durch eigenes Handeln auf einen falschen Weg geraten zu sein. Es ist nur wenig sinnvoll, einen Menschen einfach als Sünder abzustempeln, das wird in ihm nur Widerstand auslösen und verhindert die notwendige Einsicht. Als Außenstehender kann und muss ich gelegentlich auch Geburtshelfer des Gewissens sein, mehr ist aber nicht möglich, denn sein Leben ändern kann nur jeder selbst, das kann niemand für einen anderen tun. Jesus bezeichnet die Frau nicht ausdrücklich als Sünderin, er nimmt die Sicht der Frau auf sich selbst an und eröffnet ihr einen Neuanfang: „Deine Sünden sind dir vergeben", sagt er.

Wenn ich von der Möglichkeit einer solchen Fehlentwicklung ausgehe, dann brauche ich aber auch Maßstäbe und Ziele, anhand derer ich solche Veränderungen in meinem Leben beurteilen kann. Woher soll ich sie nehmen? Von Gott, würde wohl Simon, der Pharisäer, antworten, er hat uns die Zehn Gebote gegeben und noch viele andere Weisungen für unser Leben. Er, der Allwissende und Allmächtige, weiß allein, was gut für uns ist. Der Mensch hat Vernunft, antworte ich, er wird sich wehren gegen eine solche Sicht der Dinge, die er als Diktatur oder doch als Fremdbestimmung ansieht. Der Mensch muss seine Ziele und Maßstäbe selbst festsetzen, würden wohl die meisten heute sagen, der Mensch ist frei und für sich selbst verantwortlich. Das führt zu Willkür und Unmenschlichkeit, antworte ich. Wo der Mensch sein eigener Maßstab ist, zerstört er sich selbst, das haben uns der Zweite Weltkrieg und die Ideologien dieser Zeit gezeigt. Wo jeder Mensch sein eigener Maßstab ist, geht Gemeinschaft verloren, ohne die der Mensch doch nicht sein kann. Was ist der Ausweg aus dieser Zwickmühle? Die so genannte Sünderin zeigt ihn uns. Sie hat die falsche Entwicklung in ihrem Leben selbst erkannt, sie ignoriert den Pharisäer Simon und seine Ansichten, und doch bittet sie in Jesus Gott um Vergebung. Die Maßstäbe und Ziele seines Lebens muss der Mensch aus sich, aber nicht von sich nehmen. Gott hat dieser Welt eine Ordnung geben und uns die Vernunft, sie zu erkennen. Ich muss selbst erkennen bzw. anerkennen, was der gute Weg ist, ich kann dies aber nur durch die Einsicht in die Gestalt und Ordnung, die Gott dieser Welt gegeben hat. So finden göttliches Tun und menschliches Handeln zusammen. Nur so gelingt das Leben.

Niemand ist wohl über die Versuchung erhaben, mehr wert sein zu wollen als andere, dennoch müssen Christen versuchen, dieser Versuchung nicht zu erliegen. Es geht nicht darum andere als Sünder bloßzustellen, sondern ihnen zu helfen, sich über ihr Leben klar zu werden. „Liebe und tu, was du willst." Für Augustinus schließt diese Liebe immer auch die Liebe zu Gott ein, und damit die Einsicht in die Gestalt, die er der Welt geben hat. Die Maßstäbe für mein Leben kann ich nicht einfach selbst festsetzen. Ich muss zwar selbst erkennen und anerkennen, was der gute Weg ist, jedoch indem ich mich bemühe, die Gestalt, die Gott der Welt gegeben hat mehr und mehr wahrzunehmen. Ein bisschen davon scheint in dieser so genannten Sünderin auf: Mut, Achtsamkeit sich selbst und anderen gegenüber und die Bereitschaft, Fehler einzugestehen.

Von Gott kann man nichts wissen – oder doch?

12. Sonntag im Jahreskreis (Lesejahr C; Gal 3,26-29; Lk 9,18-24)

„Ich habe mich oft gefragt und keine Antwort gefunden, woher das Sanfte und das Gute kommt. Weiß es auch heute nicht. Und muss nun gehn", so heißt es in einem Gedicht von Gottfried Benn. Die Ratlosigkeit, die aus diesen Worten spricht, scheint mir typisch für den Menschen unserer Zeit zu sein. Die Naturwissenschaft beherrscht unsere Weltsicht; für Gott oder das Gute – in einem umfassenden und nicht nur funktionalen Sinne – bleibt bestenfalls noch eine kleine sentimentale Nische. So ein bisschen Unvernunft muss der Mensch sich eben doch noch leisten. Letztlich bleibt Gott, das Göttliche, das Gute oder wie man es auch immer nennen will, der oder das große Unbekannte. Das Christentum behauptet das glatte Gegenteil. Als Sprecher des Jüngerkreises sagt Petrus, dass die Jünger Jesus für den Messias Gottes halten, also – vereinfacht gesagt – für den, der im Namen Gottes reden und handeln darf. Wer hat nun Recht? Können wir etwas über Gott sagen? Können wir etwas von Gott wissen?

Es ist offenbar modern, zu behaupten, über Gott könne man nichts sagen, weil er unsere Vernunft übersteigt. Die Einen ziehen daraus den Schluss, dass es besser ist, gar nicht an Gott zu glauben, die anderen sehen in den verschiedenen Religionen nur gleichwertige Wege, die in ihrer Verschiedenheit gerade die Unfassbarkeit des Göttlichen zum Ausdruck bringen. Wer so denkt, tappt in seine eigene Falle und begeht den Fehler, den er anderen vorwirft. Wer behauptet, man könne nichts über Gott sagen, der sagt ja auch etwas über Gott und legt Gott damit fest, nämlich darauf, dass er sich den Menschen nicht zeigen kann.

Wenn man über Gott nachdenkt, kommt man schnell an die Grenzen unserer Vernunft, und gerade mancher, der vorgibt, diese Grenzen zu achten, verstrickt sich schnell in Widersprüche.

Dies ist aber kein Grund, das Nachdenken über Gott aufzugeben – oder nur theologischen Profis zu überlassen –, denn sonst verdunstet der Glaube an Gott endgültig oder beschränkt sich ausschließlich auf Sekten oder immer absurdere esoterische Formen und Praktiken. Die Vernunft muss in Bezug auf Gott keineswegs abdanken, es gibt auch andere Bereiche im Leben, bei denen die Vernunft sozusagen an zweiter Stelle kommt, d.h. bei denen sie nicht aus sich selbst schöpfen kann, sondern zuerst die Erfahrung des täglichen Lebens braucht, um über sie nachzudenken und sie ins Wort zu bringen. Ein Beispiel hierfür finden wir im heutigen Evangelium. „Denn wer sein Leben retten will, wird es verlieren; wer aber sein Leben um meinetwillen verliert, der wird es retten", sagt Jesus. Ich behaupte, dass hinter diesen Worten eine Grundtatsache des menschlichen Lebens steht, die man aber nicht beweisen kann wie einen mathematischen Lehrsatz an einer Schultafel. Es braucht dazu die Erfahrung des täglichen Lebens. Wer immer nur festhalten will, seinen Besitz, die Menschen, die er liebt, und seine Fähigkeiten, wer nicht auch bereit ist, zu geben – von dem, was er hat, und auch letztlich von dem, was er ist –, der wird scheitern, der wird langfristig verlieren, was er doch so dringend behalten will. Nur wer bereit ist zu geben, gewinnt. Diese Einsicht kann ich nicht einfach nur durch Nachdenken im stillen Kämmerlein gewinnen, ich muss meine Lebenserfahrung zum Ausgangspunkt meines Nachdenkens machen, dann kann ich wesentliche Einsichten erreichen und kann mein Verhalten immer wieder an dem, was ich verstanden habe, überprüfen und vielleicht gelegentlich auch ändern. Erst kommt also die Erfahrung, das Material des Lebens, und dann das Nachdenken darüber, das mir hilft, mein Leben besser zu verstehen und so besser zu leben. Es ist genau diese Beschaffenheit des Denkens, die es auch auf den Glauben an Gott anzuwenden gilt.

Fragen wir also nach unseren Erfahrungen: Gibt es in unserem Leben Situationen, in denen etwas an sich Unsagbares aufscheint, in gewisser Weise sichtbar wird, so dass wir nun doch etwas darüber sagen können? Die gibt es. Das schönste Beispiel ist wohl immer die Liebe. Jeder fühlt sich bei diesem Thema irgendwie betroffen, mancher sagt „ich liebe dich" und doch wird wahrscheinlich jeder sich damit schwer tun, ganz genau und erschöpfend zu sagen, was Liebe ist. Dennoch gibt es Gelegenheiten im Leben, wo Liebe aufscheint, fast mit Händen zu greifen ist, auch wenn diese Gelegenheiten selten sind. Das kann ein überraschender Besuch sein, ein selbstgepflückter Strauß, mit dem man nicht gerechnet hat, usw. In solchen Momenten ist das Unsagbare der Liebe zum Greifen nah, so dass man es durchaus – innerhalb bestimmter Grenzen – in Worte fassen kann, selbst wenn sie vielleicht ein bisschen abgedroschen sind, aber dann doch in einer solchen Situation neu wirken, wie die Worte „ich liebe dich".

Diese Erfahrung lässt sich auf den Glauben übertragen. In Jesus haben die Jünger die Erfahrung gemacht, dass Gott, der all unser Verstehen übersteigt, zum Greifen nahe ist, dass er sich in Jesus zeigt, wie er dies nie zuvor getan hat. Nur schwer lässt sich diese Erfahrung ins Wort bringen, darum kennen das Neue Testament und die Tradition verschiedene Bilder: Messias – diesen alttestamentlichen Titel verwenden das heutige Evangelium und auch die Lesung, denn Christus ist nur die griechische Übersetzung des hebräischen Wortes „Messias" –, Sohn Gottes, menschgewordener Gott usw. Das Unsagbare wird erfahrbar und – wenn auch innerhalb bestimmter Grenzen – sagbar. Was die Vernunft im ersten Moment als Widerspruch entlarven möchte, wird durch die Erfahrung bestätigt. Es braucht jedoch eine bestimmte Offenheit und innere Gestimmtheit, um solche Erfahrungen zu machen. Für den unbeteiligten Zeugen mag eine liebevolle Geste, die den, dem sie gilt, zu Tränen rührt, unbedeutend sein. Offenbar gab es diese Erfahrung auch in Bezug auf Jesus. Nicht alle haben ihn gleich erfahren. Die Jünger sagen ja, dass die einen ihn für Johannes den Täufer, Elija oder sonst einen wiederauferstandenen Propheten halten. Die Menschen nehmen wahr, dass etwas Besonderes an Jesus ist, dringen aber nicht zum Eigentlichen durch.

Die moderne Ansicht, dass man nichts über Gott oder das Göttliche sagen kann, ist in sich selbst widersprüchlich, denn wer sagt, man könne nichts über Gott sagen, der behauptet damit ja auch etwas Bestimmtes über das Wesen Gottes. Es gibt Bereiche in unserem Leben, da kann die Vernunft nicht einfach aus sich schöpfen – wie sie es bei einem mathematischen Lehrsatz kann –, sondern muss auf unsere Erfahrung zurückgreifen. Das gilt auch für den Glauben an Gott. Immer wieder gibt es in unserem Leben Augenblicke, in denen Unsagbares aufscheint, ja fast zum Greifen nahe ist, z.B. in einer spontanen Geste der Liebe und Zuneigung. Vergleichbar damit haben die Jünger Jesu in ihm die Gegenwart und das Wirken Gottes erkannt. Gebe Gott, dass auch wir ihn in Jesus finden und Augenblicke seiner Nähe in unserem Leben erfahren dürfen.

„Kein Wunder, Herr, dass du nicht viele Freunde hast!"

16. Sonntag im Jahreskreis (Lesejahr C; Lk 10,38-42)

Ich weiß nicht, wie sehr Ihnen die griechische Sagenwelt vertraut ist, aber wahrscheinlich haben Sie schon einmal von Sisyphos gehört. Er wurde dazu verurteilt, einen großen Stein einen Hang hinaufzuwälzen, doch immer, wenn er fast oben ist, rollt der Stein hinunter, und er muss von vorn beginnen. Vielleicht hat Jesus sich ganz ähnlich gefühlt, als er im Hause von Maria und Marta das Evangelium verkündete. Wie spannend muss es gewesen sein, Jesus selbst von Gott erzählen zu hören, ihn unmittelbar fragen zu können . . . Und dann kommt Marta und beklagt sich über ihre Schwester, die sich vor der Arbeit drückt und die nie im Haushalt hilft. Mir scheint, als habe sich daran nicht viel geändert. Es gibt wohl Momente, in denen das Evangelium Menschen wirklich berührt – sonst hätte der Glaube nicht zwei Jahrtausende überstanden –, Momente, in denen man erfährt, dass das das Evangelium eine Kraft ist, wie Paulus einmal sagt, die uns wirklich verstehen lässt, wie Mensch-Sein gelingt, die uns Gott näher bringt, doch dann kommt das Menschlich-Allzumenschliche in die Quere: Eifersucht auf den, der scheinbar wichtiger ist, festgefahrene Gewohnheiten, bestimmte Charaktereigenschaften wie ein aufbrausendes Temperament oder schlicht und einfach die Tatsache, dass man diesen oder jenen einfach nicht leiden mag. Wie gehen wir damit um, dass sich das Menschlich-Allzumenschliche dem Evangelium immer wieder in den Weg stellt? Wir gehen wir damit um, dass unser Glaube immer wieder an solche Grenzen stößt und damit auch Glaubwürdigkeit einbüßt?

Das Evangelium begegnet uns nie in Reinform, sondern immer in Menschen aus Fleisch und Blut, Menschen mit Stärken und Schwächen. Petrus verleugnete Jesus und wurde nachher zum Anführer der neuen Bewegung, Paulus war ein eifernder und eifriger Christenverfolger, ehe er zum Apostel wurde, doch auch in seinen Briefen, die uns das Neue Testament überliefert, bricht gelegentlich sein jähzorniges Temperament durch. Wir alle sind als Glaubende immer zugleich Verkünder des Glaubens und seine Bremsen. Wir alle sind Verkünder des Glaubens – denn wo sollten Menschen heute ablesen, was Christ-Sein heißt, wenn nicht an uns – und zugleich bremsen wir den Glauben aus durch unsere Eifersucht, durch die Abneigung gegen den oder jenen usw. Das war zur Zeit Jesu so, zur Zeit der Apostel und auch heute. Es hat keinen Sinn, sich eine Ideal-Kirche zur erträumen, um dann hart in der Wirklichkeit aufzuschlagen. Das Evangelium begegnet uns nur in Menschen aus Fleisch und Blut, Menschen mit Stärken und Schwächen.

Darin liegt jedoch auch ein entscheidender Vorteil. Marta mag Jesus in einem Augenblick in die Quere kommen, aber es liegt nahe, dass er ansonsten auf ihre Hilfe angewiesen ist. Der Name Marta heißt auf deutsch Herrin, und hier scheint der Name Programm zu sein. Aus dem Wenigen, das das Neue Testament über sie berichtet, lässt sich schließen, dass Marta offenbar eine Art Landgut besitzt. Nur kurz vor dem Abschnitt, den wir heute als Evangelium gehört haben, berichtet Lukas, dass Jesus von einigen Frauen mit ihrem Vermögen unterstützt wird. Wahrscheinlich gehörte Marta, die ihn schließlich in ihr Haus aufnahm, auch dazu. Die Stärke dieser Frau, die Jesus hier – salopp gesagt – an den Karren fährt, ist andererseits auch seine Chance, durch das Land zu ziehen und seine Botschaft unter die Leute zu bringen. Die menschlichen Schwächen, die das Evangelium manchmal ausbremsen, sind oft genug die Kehrseite der Stärken, die seine Verkündigung erst möglich machen. Hinter dem Jähzorn des Apostels Paulus stehen eine Willensstärke und ein Engagement, die die Ausbreitung des Urchristentums erst ermöglicht haben. Hinter der Eifersucht mancher Menschen mag auch eine Fähigkeit zu leiten stecken, ohne die keine Gemeinschaft auskommt, eine Leidenschaft a u c h für die Sache, die manches erst in Gang bringt. Mit dem Menschlich–Allzumenschlichen umzugehen heißt immer auch, die Stärken dahinter zu erkennen – bei sich und bei den anderen!

Dennoch mag man sich manchmal fragen, ob wir nicht doch wie Sisyphos sind: kurz vor dem Ziel rollt der Stein hinunter. Was bleibt von der Botschaft Jesu in meinem eigenen Leben, was bleibt bei den anderen? Auch wenn ich selbst handwerklich nicht begabt bin, so meine ich doch, dass folgendes Bild zutrifft. Wer aus Holz etwas schnitzt, der weiß, dass das Harte und Kantige des Holzes Voraussetzung ist, um etwas Bleibendes zu formen. Nur ein Material, das sozusagen dagegenhält, das sich wehrt, ergibt eine bleibende Form. Auch ein Schauspieler, der schwierige, tiefgründige Rollen darstellen will, braucht wohl selbst einen ausgeprägten Charakter, damit ihm dies glaubwürdig gelingt. Auch wenn seine Kunst – zumindest im Theater – nichts Dauerhaftes schafft, so braucht er doch einen facettenreichen, vielleicht auch in gewissem Sinne etwas widerständigen Charakter, um seine Kunst zu schaffen, um die Zuschauer zu erreichen und möglicherweise in ihnen auch etwas in Gang zu bringen. Etwas bewirken, etwas Bleibendes formen kann ich nur da, wo auch Widerstand und Gegenkraft ist; ich glaube, das gilt auch für den Menschen. Das Evangelium kann den Menschen mit seiner inneren Vielfalt in Berührung bringen. Wo die Kraft des Evangeliums auf Gegenkraft stößt, auf einen Menschen mit Ecken und Kanten, kann etwas Neues und Lebendiges entstehen. Es mag oft nur eine kleine Kerbe sein, die das Evangelium in einen Menschen einträgt, aber im Inneren eines Menschen ist das nicht wenig. Wir sind durch unsere Zeit zu sehr daran gewöhnt, auf Äußeres und Großes zu schauen, doch schon eine winzige Bewegung im Inneren eines Menschen verändert etwas.

Das Evangelium begegnet uns nie in Reinform, sondern nur in Menschen aus Fleisch und Blut, Menschen mit Stärken und Schwächen. So hat es Gott gewollt, als Jesus Mensch wurde und als er Menschen zu seinen Boten bestimmte. Was manchmal als Menschlich-Allzumenschliches das Evangelium ausbremsen mag, ist oft genug die Kehrseite der Stärke, die seine Verkündigung erst möglich macht. Die Eifersucht oder das aufbrausende Temperament ist dann die andere Seite eines leidenschaftlichen Engagements a u c h für die Sache. Der Schnitzer braucht das Harte und Kantige des Holzes, um etwas Bleibendes formen zu können, Ähnliches gilt m.E. auch für den Menschen: Nur da, wo etwas dagegenhält, wo auch Widerstand ist, lässt sich etwas Bleibendes formen, lässt sich etwas bewirken. Letztlich braucht es wohl auch eine Prise Humor, denn nur dem Humor gelingt es zuweilen, das Unüberbrückbare zu verbinden. So heißt es von der heiligen Teresa von Avila, als sie einmal in einer Vision in den Himmel entrückt wurde, zeigte ihr Gottvater Jesus am Kreuz und sagte: „Schau, Teresa, so behandle ich meine Freunde." Da sagte sie: „Kein Wunder, Herr, dass du nicht viele Freunde hast!"

Das Leben ist nicht fair?!

18. Sonntag im Jahreskreis (Lesejahr C; Koh 1,2; 2,21-23; Lk 12,13-21)

„Das Leben ist nicht fair!", behauptet der Sänger Herbert Grönemeyer in einem seiner erfolgreichsten Lieder und trifft damit wohl den Nerv der meisten Menschen. Man setzt sich für dies oder jenes ein, strengt sich für etwas an, sei es im Beruf, sei es im privaten Bereich und doch zerbricht es und gelingt nicht. Viele stehen auf der Verliererseite und zu wenige – und vielleicht auch noch die Falschen, Menschen, die sich auf Kosten anderer bereichert haben – stehen auf der Gewinnerseite. Ganz ähnlich empfindet offensichtlich der Autor des alttestamentlichen Buches Kohelet. „Alles ist Windhauch", sagt er, denn es kommt vor, dass einer, der seinen Besitz durch ehrliche Anstrengung erworben hat, alles verliert. Wie gehen wir damit um, dass das Leben nicht fair ist? In dieser Fragestellung wird das Wort „Gerechtigkeit" vermieden, es ist den meisten Menschen heute wohl zu großartig, möglicherweise auch zu sehr religiös aufgeladen; unfair, das klingt eher nach einer Regelverletzung beim Sport, das kann fast jeder noch nachvollziehen. Wir als Glaubende können diesem größeren Wort nicht ausweichen. Wenn das Leben nicht gerecht ist, wie steht es dann mit Gott? Ist er, der doch dieses Leben geschaffen hat, auch nicht gerecht?

Im Evangelium, das wir heute gehört haben, geht es auch – zumindest indirekt – um Gerechtigkeitsfragen. Ist es nicht gerecht, wenn zwei Brüder das Erbe miteinander teilen? Ist es nicht gerecht, wenn ein Mann, der für sein Vermögen gearbeitet hat, nun den Ertrag genießt? „Ruh dich aus, iss und trink, und freu dich des Lebens!", sagt er zu sich selbst. „Der Sinn des Lebens besteht nicht darin, dass ein Mensch … im Überfluss lebt", sagt Jesus. Der Fragesteller, der will, dass sein Bruder das Erbe mit ihm teilt, sieht – genau wie der reiche Mann in dem kleinen Gleichnis, das Jesus erzählt – die Welt nur noch aus einem Blickwinkel: dem des Besitzen-Wollens. Dass wir das Leben als ungerecht erfahren, liegt wohl gelegentlich auch daran, dass wir sozusagen einen Tunnelblick auf die Welt haben. Unsere Sichtweise auf das Leben ist durch unsere Geschichte geprägt, wer öfter enttäuscht wurde, wird sich schwerer tun, die freundschaftlichen Signale zu erkennen, die ein anderer aussendet. Unsere Sichtweise ist aber auch durch unsere Begabungen geprägt: ein Maler sieht eine Landschaft anders als ein Biologe. Diese Prägung unseres Blickwinkels gehört zu unserem Leben, sie gibt unserem Dasein seine ganz eigene, ja einzigartige Färbung, wer sie aufheben will, versucht letztlich sich selbst aufzuheben. Manchmal aber lohnt es sich, die notwendig vorhandene Beschränktheit dieser Sichtweise wahrzunehmen und wenigstens zu versuchen, die Welt mit den Augen anderer zu sehen. Das entlastet und lässt sogar manche als scheußlich empfundene Ungerechtigkeit dahin schmelzen. Ein Beispiel aus meinem eigenen Leben soll das unterstreichen. Wenn ich als Student vor Prüfungen aufgeregt war, ging ich eine Zeitlang durch Tübingen, in dem – die Prüfungen waren immer im Sommer – viel los war.

Und für mich war es beruhigend zu sehen, dass da ganz viele Menschen waren, die ihr Leben lebten und nichts von diesen Prüfungen wussten, meine Prüfungen waren also ganz offensichtlich nicht das, worum sich die Welt dreht. Manchmal lohnt es sich, nur den Blickwinkel ein bisschen zu verändern, und die Welt ist nicht mehr so ungerecht, wie man denkt.

Ich gebe zu, dass sich damit natürlich längst nicht alle Ungerechtigkeiten dieser Welt ausräumen lassen. Schauen wir also noch mal auf den reichen Mann im Gleichnis Jesu, um zu sehen, was er denn falsch macht. „Du Narr!", sagt Gott zu ihm. Wo ist sein Fehler? Er will ganz offensichtlich eine Zäsur, einen Einschnitt setzen. Die Zukunft, die nun vor ihm liegt, soll Belohnung für seine Mühen sein. Doch so ist das Leben nicht. Meiner Einschätzung nach neigen wir Menschen dazu, die Zukunft als Belohnung sehen zu wollen. Ich habe dies oder jenes getan, dies oder jenes erreicht, also muss sich das in Zukunft auszahlen, muss ich durch das Leben dafür belohnt werden. Das klappt so nicht. Das Leben tritt an jedem Tag, in jeder Stunde, vielleicht sogar in jedem Augenblick als neue Herausforderung an mich heran. Was sich verändert hat, bin ich, sind die anderen, durch das, was wir erlebt haben, durch das, was geschehen ist. Es kann auch nicht anders sein – im Widerstreit der Freiheiten. Jeder Mensch versteht seine Freiheit anders, lebt seine Freiheit anders, so kommen wir einander unvermeidlich in die Quere. Wo Freiheit gelebt wird, kann die Zukunft nicht einfach Belohnung sein, für das, was war. Wo Freiheit ist, bleibt das Leben immer eine neue Herausforderung. Was geschehen ist, wird nicht einfach belohnt, ist aber auch nicht vergessen, es wird zur Prägung für mich und die anderen. „Geschichte wiederholt sich nicht, aber sie reimt sich", sagte Mark Twain einmal.

All diese Einsichten nehmen das, was wir als ungerecht empfinden, nicht einfach weg, können aber vielleicht die Sichtweise auf manche Ungerechtigkeit ein wenig verändern. Trotzdem bleibt zu viel an Gewalt und Leiden in dieser Welt, um einfach darüber hinweggehen zu können. Für Immanuel Kant, den großen deutschen Philosophen, war diese Erfahrung der Grund für das, was man den moralischen Gottesbeweis nennt. Die Verpflichtung zum Guten, die der Mensch in seinem Gewissen erfährt – wie auch immer er dieses Gute genau verstehen mag –, kann angesichts der himmelschreienden Ungerechtigkeit in der Welt nur wahr sein, wenn es einen Gott gibt, der am Ende der Zeit Gerechtigkeit wiederherstellt. Deshalb ist das so genannte Jüngste Gericht nicht einfach ein Aburteilen des Menschen, sondern letzte Erfüllung der Sehnsucht des Menschen nach Gerechtigkeit, die es in dieser Welt im Widerstreit der Freiheiten nicht geben kann. Dieses Gericht ist das Ende dieses Widerstreits, nicht im Sinn der Aufhebung menschlicher Freiheit, sondern ihrer Erfüllung in der bleibenden Gegenwart Gottes.

Die Erfahrung, dass das Leben immer wieder ungerecht ist, wird uns weiter begleiten. Unsere Sichtweise auf die Welt ist geprägt durch unsere Geschichte und unsere Begabungen. Manchmal hilft es, wahrzunehmen, dass es auch andere Sichtweisen gibt, und so zu versuchen, die Welt mit den Augen der anderen zu sehen. Die Zukunft ist nicht einfach eine Belohnung für das Vergangene, das Leben ist immer wieder eine neue Herausforderung; das kann nicht anders sein, wo verschiedene Freiheiten aufeinander prallen, wo Menschen ihre Freiheit unterschiedlich verstehen und unterschiedlich leben. Erst wenn die Freiheit des Menschen sich in der bleibenden Gegenwart Gottes endgültig erfüllt, wird es Gerechtigkeit im vollen und umfassenden Sinne geben.

„Der Glaube ist wie die Liebe. Er lässt sich nicht erzwingen."

26. Sonntag im Jahreskreis (Lesejahr C; Lk 16,19-31)

„Der Glaube ist wie die Liebe. Er lässt sich nicht erzwingen", sagte der Philosoph Arthur Schopenhauer – eine schöne Erkenntnis, die allerdings nicht recht zufrieden stellt. Zu allen Zeiten versuchen Menschen mit aller Macht das zu finden - vielleicht sogar zu erzwingen –, was sie unter Liebe verstehen, und immer gibt es auch Menschen, die nach dem suchen, was wir Glauben nennen. Liebe wollen und suchen alle – daran gibt es keine Zweifel –, aber es scheint Zeiten zu geben – so wie die unsere –, in denen der Glaube nur wenige umtreibt. Warum ist das so? Warum glauben die einen und die anderen nicht? Doch auch heutzutage gibt es Unterschiede. In Afrika oder in weiten Teilen Asiens gehört der Glaube an Gott oder das Übernatürliche ganz selbstverständlich zum Alltag der Menschen, während es in Westeuropa ganz anders ist. Ist es wirklich nur die Armut, die die Menschen zur Religion treibt, während in unseren Breitengraden der Überfluss so satt macht, dass Menschen außer ständigem Konsum nichts mehr brauchen, oder ist da noch etwas anderes? Warum glauben auch bei uns die einen, während die anderen sich nicht dafür interessieren? Selbst in Familien gehen ja Menschen, die mit ähnlichen Erfahrungen aufgewachsen sind, bezüglich der Religion oft sehr unterschiedliche Wege. Warum?

„Wenn einer von den Toten zu ihnen kommt, werden sie umkehren", sagt der reiche Mann im Gleichnis Jesu. Wie so oft trifft Jesus den Nagel auf den Kopf, denn dieses Argument hört man bis heute häufig. „Ja, wenn einer zurückkäme und etwas erzählen würde, dann könnte ich auch glauben!" Jesus weist genau diese Sicht der Dinge zurück. Exakte Beweise gibt es im wirklichen Leben nicht, die gibt es nur da, wo wir Menschen abstrahieren, d.h. wo wir die Dinge so verallgemeinern, dass wir sie auf einen bestimmten Begriff bringen können. Exakte Beweise kann man an einer Tafel führen, nicht im wirklichen Leben. Hier passt Schopenhauers Vergleich sehr gut: in der Liebe kann man so wenig exakt beweisen wie im Glauben. Die Theologie rechnet den Glauben zu den göttlichen Tugenden, d.h. der Glaube ist ein Geschenk Gottes, das der Mensch nicht einfach machen kann – weder durch Beweise noch durch sonstige Anstrengungen. Es liegt in der Freiheit des Menschen, dieses Geschenk anzunehmen, abzulehnen oder gar nicht zur Kenntnis zu nehmen. Was aber hilft mir nun, mich für dieses Geschenk des Glaubens zu öffnen?

Ich meine, dass die Erfahrung, dass mitten in all den Veränderungen eines Lebens etwas bleibt, das mich trägt, und dass dieses Bleiben nicht nur meine eigene Leistung ist, Menschen für den Glauben bereiten kann. Wir leben heute in einer Zeit, in der die Dinge sich mit hoher Geschwindigkeit verändern, das gilt für den persönlichen wie den gesellschaftlichen Bereich. Je älter man wird, desto stärker empfindet man das wohl und desto drängender wird die Frage, was bleibt, was bleibt von mir, was trägt mich durch all die Höhen und Tiefen? Wenn ich in solch einer Situation die Erfahrung machen darf, dass etwas bleibt und mich trägt, so ist das etwas Großartiges und Schönes: z.B. eine Partnerschaft, in der ich glücklich bin, die über Jahre oder gar Jahrzehnte gehalten hat, auch wenn es vielleicht manchmal schwierig oder kritisch war. Es kann auch ein Talent sein, das mich durch alle Zeiten hindurch begleitet und getröstet hat, wie beispielsweise eine musikalische Begabung, und mich spüren lassen hat, dass ich ich bin. Oder in all den Höhen und Tiefen hat mich eine Zuversicht, dass alles gut wird, eine Hoffnung begleitet, die sich nicht einfach erklären lässt, die mir aber viel Kraft gegeben hat. Die Erfahrung, dass mitten in all den Veränderungen eines Lebens etwas bleibt, das mich trägt, und dass dieses Bleiben nicht allein menschliche Leistung ist, kann den Weg für den Glauben an Gott bereiten, denn er ist der Unwandelbare, der bleibt und uns begleitet, der uns Hoffnung gibt.

Der Reiche im Gleichnis Jesu beginnt zu spät über sein Leben nachzudenken – das ist wohl auch ein dezenter Hinweis Jesu an seine Hörer. Sobald ich über mein Leben nachdenke, entdecke ich ein inneres Gegenüber, möglicherweise sogar eine Art Stimme, die mich an das Gute erinnert. Diese Erfahrung nennen wir das Gewissen. Sicher, Menschen sehen sehr unterschiedliche Dinge als gut an, und manche haben ganze Arbeit geleistet, um diese Stimme zum Schweigen zu bringen. Dennoch gehört die Erfahrung eines Gewissens zum Menschen. Ist das Gewissen nur eine Art Selbstgespräch oder eben doch das Echo der Stimme Gottes, wie John Henry Newman, den Papst Benedikt vergangenen Sonntag seligsprach, sagte? Die erste, unmittelbare Wahrnehmung ist wahrscheinlich eher die eines wirklichen Gegenübers. Das Gewissen sagt nicht nur Dinge, die ich gern hören will, es meldet sich vor allem dann, wenn es nicht passt, und gelegentlich ist es regelrecht schwierig – zumindest wenn man noch nicht so viel Übung hat –, es beiseitezuschieben. Das alles spricht für ein wirkliches Gegenüber. Die Öffentlichkeit sagt uns in weiten Teilen etwas anderes. Man kann diese Erfahrung psychologisch wegerklären oder naturwissenschaftlich als ein chemischer Vorgang im Gehirn usw. Einerseits leben wir in einer Gesellschaft, die viel von Freiheit erzählt und von Individualität, doch die Wirklichkeit sieht meist anders aus. In fast allen Bereichen gleichen sich die westlichen Gesellschaften immer mehr: Musik, Medien,

Überzeugungen usw. Es ist notwendig, sich aus der Masse zu lösen und den eigenen Augen zu trauen. Niemand kann mir meine eigene Erfahrung, meinen eigenen Blickwinkel auf diese Welt nehmen oder ersetzen. Jeder schaut durch seine Augen auf diese Welt, auch ein Wissenschaftler, und niemand kann aus eigener Kraft einen anderen, von sich selbst gänzlich unabhängigen Standpunkt einnehmen. In mir ist ein Gegenüber, eine Erinnerung, das Gute zu tun, die nicht einfach nur ich selbst bin – selbst wenn es manchmal schwierig ist, zu wissen, was genau das Gute ist. Auch diese Erfahrung kann so für den Glauben an Gott bereiten.

Wie die Liebe so lässt der Glaube sich aber nicht erzwingen. Er ist ein Geschenk Gottes, das ich annehmen, ablehnen oder gar nicht zur Kenntnis nehmen kann. So ist die Frage, warum ein Mensch glaubt, letztlich immer auch in seiner Freiheit begründet. Es gibt – so meine ich – jedoch Erfahrungen im Leben, die mich für den Glauben bereiten, wenn ich ihnen nachgehe. Eine ist die Erfahrung, dass mitten in all den Veränderungen eines Lebens etwas bleibt, das mich trägt, und dass dieses Bleiben nicht allein menschliche Leistung ist, eine Partnerschaft oder ein bestimmtes Talent etwa, die mir Kraft geben. Eine andere ist die Erfahrung des Gewissens, in dem mir ein wirkliches Gegenüber begegnet, wenn ich denn bereit bin, meinem eigenen Blickwinkel zu trauen, den mir doch keiner ersetzen kann. Eines muss ich eben wagen: den Versuch, meinen Erfahrungen auf den Grund zu gehen.

„Wenn euer Glaube so groß wie ein Senfkorn wäre . . .“

27. Sonntag im Jahreskreis (Lesejahr C; Hab 1,2-3;2,2-4; Lk 17,5-10)

Erdbeben in Haiti, Überflutungen in Pakistan, gewaltsame Todesfälle in nah und fern – man muss in diesem Jahr nicht lange überlegen, um sich verschiedene Katastrophen und Unglücke ins Gedächtnis zu rufen, Ereignisse, die auch unseren Glauben in Frage stellen können. Gleichzeitig lässt sich beobachten, wie immer weniger Menschen dem christlichen Glauben noch etwas abgewinnen können, ja ihn sogar als unsinnig und fremd erleben. „Stärke unseren Glauben!“, so bitten die Apostel Jesus im heutigen Evangelium. Um das zu finden, was unseren Glauben ins Wanken bringen kann, müssen wir uns nur umschauen, was aber kann unseren Glauben stärken?

Nach kurzem Nachdenken würde man wohl sagen, es sind gute Erfahrungen mit Menschen, die glauben, oder mit dem Glauben selbst, die uns helfen zu glauben. Doch was ist überhaupt eine Erfahrung, was macht sie aus, was macht sie gut? Um hier zu einem tieferen Verständnis vorzudringen, müssen wir – so meine ich – das Wort „Erfahrung“ erst einmal von zwei Missverständnissen befreien. Nicht alles, was uns von den Medien vorgesetzt wird, nicht alles, was uns durch diese Kanäle begegnet, vielleicht auch erschreckt oder freut, ist schon eine Erfahrung. Wir werden überflutet mit Bildern und Tönen aus aller Welt, so dass wir irgendwann unserem wirklichen Gegenüber nicht mehr zuhören können. Wir erfahren durch Fernsehen oder Internet schneller, was in China passiert, als das, was nur ein paar Kilometer oder auch nur ein paar Hundert Meter entfernt geschieht. Das alles hat mit Erfahrungen nichts oder wenig zu tun. Ein weiteres Missverständnis kann in der oft gehörten Formel liegen, jemand müsse Erfahrungen sammeln, oder er müsse eben seine eigenen Erfahrungen machen. Erfahrungen sind keine Abenteuer, die ich suche, und nichts, was ich herbeiführen müsste. Alles andere ist nur eine Umschreibung für den Wunsch, gänzlich nach eigenen Regeln zu leben – ohne Rücksicht auf Verluste. Eine Erfahrung ist weder ein Abenteuer, das ich im Dschungel suchen muss, noch etwas, das mir die Medien aufdrängen, sondern eine Begegnung mit dem Leben, die mich in irgendeiner Weise prägt. Dabei gibt es – vereinfacht gesagt – lichtvolle Erfahrungen, die mich das Leben in einem etwas anderen Licht sehen lassen, die mich etwas verstehen lassen, und es gibt schmerzliche Erfahrungen, durch die ich etwas verliere, die mich in gewisser Weise vom Leben abschneiden. Es sind – wenig überraschend – zunächst einmal die lichtvollen Erfahrungen, die meinen Glauben stärken können, weil in ihnen etwas aufstrahlt, was mich übersteigt, was mich durch diese Erfahrung mit anderen verbindet und diese Erfahrung auch für andere nachvollziehbar machen kann. In diesen Erfahrungen liegt etwas wie ein Licht, das mich verstehen und erkennen lässt, aber auch mich und alle andern Menschen übersteigt. Es ist nichts von Menschen Gemachtes, nichts einfach uns Menschen zur Verfügung Stehendes, sonst hätten wir eine viel größere Kontrolle über unser Verstehen und unsere Erfahrungen, und sonst gäbe es auch bald nichts Gemeinsames mehr, denn die Freiheit jedes Einzelnen würde es in zahllose Teile zerlegen, die einander nicht mehr ähneln würden. So unterschiedlich Erfahrungen tatsächlich auch sind – gerade in unserer Zeit, die Menschen so vielfältige Lebenswege ermöglicht –, so sehr gibt es doch etwas Gemeinsames in den Erfahrungen von Liebe und Treue, von Mut und Stärke, von Hoffnung. Diese Gemeinsame, das nicht von uns Menschen gemacht ist, dieses Licht, das uns verstehen lässt, ist nichts anderes als die Erfahrung Gottes, der uns Leben schenkt und uns begleitet.

Etwas Gemeinsames liegt auch in den anderen, den schmerzhaften Erfahrungen. Menschen, die einen Verlust zu beklagen haben, verstehen einander oder haben sich doch etwas zu sagen, auch wenn sie sonst vielleicht ganz unterschiedliche Leben führen. In dem Schmerz, den Menschen erfahren – ich meine den seelischen, nicht einfach den körperlichen Schmerz –, liegt die Sehnsucht nach einem größeren Zusammenhang, in dem der eigene Verlust, die eigene Enttäuschung einen Sinn ergeben, oder sagen wir vorsichtiger: wenigstens einen Platz haben. Ich würde sogar noch etwas weitergehen und sagen, in diesem Schmerz liegt schon verborgen das Wissen um diesen größeren Zusammenhang, auch wenn ich ihn eben nicht sehen kann. Warum sollte ich sonst gerade diesen inneren Schmerz so heftig erleben? Auch in diesem größeren Zusammenhang lässt sich Gott erkennen, der diese Welt auf Wegen, die unser Verstehen übersteigen, an ihr Ziel führt. Schmerzvolle Erfahrungen können so – wenn auch meist erst nach Jahren – den Glauben stärken, auf jeden Fall müssen sie den Glauben nicht zerstören.

Ich behaupte nicht, dass die Entdeckung des Lichts, in dem wir unsere Erfahrungen machen und verarbeiten, bzw. des Schmerzes auch als Wissen um etwas Größeres so bewusst und reflektiert in uns Glaubenden abläuft, aber ich meine, dass es wichtig ist, diesen Prozess zu beleuchten und ins Wort zu bringen, um ihn zu stärken und zu beschützen in einer Zeit, die dem Glauben immer fremder gegenübersteht. Letztlich verweist uns Jesus auf diese Selbstbetrachtung, wenn wir seine Reaktion auf die Bitte seiner Jünger, ihren Glauben zu stärken, anschauen. Nicht einfach von außen, durch irgendein Zauberwort Jesu wird ihr Glaube gestärkt, die etwas unwirsche Reaktion Jesu verweist sie auf sich selbst und nötigt ihnen – und wohl auch uns – zugleich eine gehörige Portion Geduld ab, da ihr Glaube offensichtlich nicht einmal so groß wie ein Senfkorn ist. Ich glaube, dass gerade dies auch eine mögliche Quintessenz aus vielen Erfahrungen ist: Leben gelingt nur mit Geduld, Treue und der Bereitschaft, genau hinzusehen. Ungeduld und Oberflächlichkeit sind – vorsichtig gesagt – eher nicht hilfreich. Das gilt auch für den Glauben. Die Erfahrung des Propheten Habakuk, die wir in der Lesung gehört haben, unterstreicht dies. „Warte darauf", gibt Gott ihm auf seine Klagen zur Antwort, „der Gerechte bleibt wegen seiner Treue am Leben."

Den Glauben stärken, dazu müssen wir genau hinsehen – auf unsere Erfahrungen, d.h. auf die Begegnungen mit dem Leben, die uns prägen. Die lichtvollen Erfahrungen, die uns etwas vom Leben verstehen lassen, verweisen uns auf eben dieses Licht, das nicht von Menschen gemacht ist, sonst hätte die menschliche Freiheit schon alle Gemeinsamkeit aufgelöst, und wir könnten unsere Erfahrungen wirklich kontrollieren. In den schmerzhaften Erfahrungen liegt die Sehnsucht, ja das Wissen um einen größeren Zusammenhang, der unsere Möglichkeiten übersteigt und in dem mein Verlust einen Sinn oder wenigstens einen Platz hat. So verweisen uns die Erfahrungen auf Gott, der uns auf Wegen, die unser Verstehen übersteigen, an unser Ziel führt. Bitten wir mit den Aposteln darum, dass der Herr uns hilft, seine Spuren in dieser Welt – und damit auch in uns – zu erkennen: Herr, stärke unseren Glauben!

Glauben – schaden kann's ja nicht, aber hilft's auch?

28. Sonntag im Jahreskreis (Lesejahr C; 2 Tim 2,8-13; Lk 17,11-19)

Schaden kann's ja nicht. Mit dieser Haltung nehmen manche Leute pflanzliche Medikamente ein, lassen religiöse Rituale über sich ergehen oder wagen sogar selbst ein Kerzchen in einer Kirche anzuzünden. Schaden kann's ja nicht, aber was nützt es eigentlich? „Dein Glaube hat dir geholfen", sagt Jesus zu einem Mann im heutigen Evangelium. Das ist schön für diesen Mann, macht jedoch für uns die Frage noch offenkundiger: Wie hilft uns der Glaube?

Wissenschaftliche Untersuchungen haben längst festgestellt, dass es sich positiv auf die Lebenserwartung auswirkt, einen Glauben zu haben bzw. die Überzeugung, dass das Leben einen Sinn hat. Das hört man als Glaubender gern, dennoch: Wer sich auf diese Spur begibt, der geht in die Irre. Wo der Glaube verzweckt wird, geht er ein oder wächst erst gar nicht. Es ist wie in einer Freundschaft oder Partnerschaft: Eine stabile Beziehung kann viel zu einem guten und gelingenden Leben beitragen, man kennt weniger Einsamkeit und hat jemanden, auf den man sich verlassen kann. Wer aber nur einen Freund oder Partner sucht, weil er sich eben diese positiven Wirkungen wünscht, weil er nicht allein sein mag, der findet niemanden, oder seine Beziehung ist schon zum Scheitern verurteilt. Glauben ist nicht einfach ein Für-wahr-Halten bestimmter Sätze, sondern vor allem auch ein Beziehungsgeschehen zwischen Gott und Mensch. Das bedeutet nicht, dass der Glaube nicht auch in Bekenntnisform ausgesprochen werden kann – was wird aus einer Partnerschaft die nicht irgendwann und irgendwie das Bekenntnis „ich liebe dich" einschließt –, aber er erschöpft sich nicht in bestimmten Formeln. Das zeigt ja gerade das heutige Evangelium. Der Geheilte, der umkehrt, sieht in Jesus nicht einfach einen Dienstleister, der ihn gesund macht, sondern er kehrt zurück, um zu danken. Hier wächst eine Beziehung.

Wenn der Glaube wirklich ein Beziehungsgeschehen ist, dann dürfen wir nicht nachmachen, was neun der zehn Geheilten im Evangelium tun. Sie haben mit dem geringen Einsatz einer kleinen Bitte eine ganze Menge bekommen: ihre Gesundheit. Die Grundregel, bei möglichst geringem Einsatz den größtmöglichen Nutzen zu bekommen, ist durchaus in vielen Bereichen des Lebens angebracht. Warum soll ich mehr Kraft in eine Aufgabe investieren, wenn ich das gleiche Ergebnis mit weniger Aufwand erreichen kann? Doch je mehr es um mich als Person geht, desto unangebrachter ist diese Regel. Wo es um mich als Berufstätigen, um mich als Kunden, um mich als in irgendeiner Weise Begabten geht, da kann ich versuchen, bei möglichst geringem Einsatz den größtmöglichen Nutzen zu erzielen, nicht jedoch wenn es um mich selbst geht. Je mehr es nicht um mich als irgendetwas, sondern um mich als Mensch, als Person geht, desto mehr muss ich vollen Einsatz bringen, auch wenn ich das Ergebnis nicht kenne. Freundschaften und Partnerschaften scheitern, wenn immer aufgerechnet wird, wenn jeder nur darauf achtet, dass er genügend Vorteile aus der Beziehung hat. Je mehr es um mich als Person geht, desto unangebrachter ist es, bei möglichst geringem Einsatz den größtmöglichen Erfolg erzielen zu wollen. Das gilt auch für den Glauben. Er ist wie jede Beziehung auch ein Wagnis, ein Sprung ins Ungewisse, bei dem ich vollen Einsatz bringen muss, ohne vorher um den Erfolg zu wissen, oder ihn aus irgendwelchen Tatsachen mit an Sicherheit grenzender Wahrscheinlichkeit berechnen zu können.

Trotzdem: in einem ganz wesentlichen Punkt unterscheidet sich der Glaube von anderen Beziehungen. Wenn ich die Freundschaft mit einem Menschen wage, so bleibt immer die Möglichkeit, dass der andere mich enttäuscht, dass der Sprung ins Ungewisse ins Leere führt, solange diese Freundschaft dauert. Ich kann nie sicher sein, ob ich nicht doch verlassen und verletzt werde, schließlich kann niemand uns so sehr verletzen wie die Menschen, die uns nahestehen. Diese Ungewissheit bleibt immer. Im Glauben sieht es anders aus. Hier liegt die Ungewissheit ganz und gar vor dem Sprung. Sobald ich glaube, habe ich in gewisser Weise schon gewonnen, denn Gott wird niemals untreu. Wenn ich es wage zu glauben, so ist mir die Freundschaft und Treue Gottes gewiss. Ich bin mir durchaus bewusst, dass die meisten Menschen eher das Gegenteil behaupten würden. Menschliche Beziehungen, gerade solche die über Jahre, vielleicht sogar Jahrzehnte stabil sind, weisen Verlässlichkeit auf, während der Glaube doch ein ewiges Ringen mit Zweifeln und Ungewissheiten ist, eben der ewige Sprung ins Ungewisse, von dem ich erst hinterher weiß, ob es der Sprung in die Arme Gottes war oder ins Nichts. Eines ist sicher: wissen kann ich in Beziehungen nie etwas, das gilt für den Glauben wie für jede Freundschaft. In der Treue eines Menschen bleibt immer ein Restrisiko, bei Gott nicht. Ich denke, wir müssen an dieser Stelle noch mal fragen, was Glaube meint. Wir Menschen haben unsere Begrenztheiten, unsere Schwächen, oft genug taucht die Frage auf, ob es diesen Gott wirklich gibt, oft genug spielt der Glaube im Alltag eine geringe, vielleicht manchmal gar keine Rolle, oft genug fühlt man sich überfordert vom Glauben an einen Gott, der so sehr unser Fassungsvermögen übersteigt, all das stimmt – und trotzdem gilt: Ich glaube. Ich glaube, dass es Gott gibt, und so lebt diese Freundschaft, mit dem, der das Leben selbst ist, der allein meine Sehnsucht nach Unvergänglichkeit stillen kann. Ja, ich glaube auf menschliche Weise, mit Fehlern und Schwächen, mit Irrtümern und Anfragen, aber ich glaube, und Gott erwartet nicht mehr von uns, als wir können. Wo ich mit all diese Begrenztheiten glaube, da gibt es kein Restrisiko mehr wie in jeder menschlichen Beziehung, weil Gott Erfüllung und Vollkommenheit ist und nicht Wankelmut und Enttäuschung.

Die Frage, was mir der Glaube nützt, wie er mir hilft, ist zutiefst menschlich und wird immer wieder gestellt werden. Es lohnt sich aber, bei ihr nicht stehen zu bleiben. Glaube ist ein Beziehungsgeschehen zwischen Gott und Mensch, das abstirbt oder gar nicht erst wächst, wo es verzweckt wird. Auch für den Glauben gilt die Regel: je mehr es um mich als Person geht, desto unangebrachter ist der Versuch mit möglichst geringem Einsatz den größtmöglichen Erfolg erzielen zu wollen. Der Glaube ist als Beziehungsgeschehen ein Sprung ins Ungewisse, ein Wagnis. Doch in allen menschlichen Beziehungen bleibt ein Restrisiko, die Ungewissheit, ob der andere mich verlässt, kann nie völlig verschwinden. Im Glauben liegt die Ungewissheit nur vor dem Wagnis. Wer glaubt, kann der Freundschaft Gottes sicher sein, auch wenn unser Glaube menschlich ist, d.h. schwach und voller Fehler, Irrtümer und Unsicherheiten ist. Gott ist treu. So dürfen wir immer aufs Neue mit einem Wort aus dem Markus-Evangelium zu Jesus sagen: Ich glaube, hilf meinem Unglauben.

Sympathie und Verlässlichkeit – so entsteht Vertrauen

29. Sonntag im Jahreskreis (Lesejahr C; Lk 18,1-8)

„Dann wird er sich wohl beeilen müssen", so kommentierte eine kirchlicher Mitarbeiterin den letzten Satz des heutigen Evangeliums: „Wird jedoch der Menschensohn," – also Jesus – „wenn er kommt, auf der Erde noch Glauben vorfinden?" Ein leicht resignierter Zug durchweht die Kirche – zumindest in unseren Breitengraden. Doch bei näherer Betrachtung scheinen mir auch die Worte Jesu selbst etwas mutlos zu klingen. Selbst ein ungerechter Richter wird der hartnäckigen Witwe zu ihrem Recht verhelfen, um wie viel mehr wird Gott den Glaubenden beistehen, meint er. Warum nur fällt es euch so schwer, Gott zu vertrauen, scheint Jesus zwischen den Zeilen zu fragen. Ja, warum eigentlich? Oder anders, tiefergehender gefragt: wie entsteht überhaupt so etwas wie Gottvertrauen?

Wahrscheinlich fallen den meisten Menschen erstmal sehr viele Gründe ein, warum es nachvollziehbar ist, dass Menschen nicht auf Gott vertrauen. Gott ist weit weg, man sieht ihn nicht, man kann nie genau sagen, ob nun Gott geholfen hat oder Menschen oder Gott durch Menschen, und oft genug lässt Gott zu, dass es Menschen schlechtgeht usw. Gegenargumente gibt es viele. Offensichtlich müssen wir erst ein Missverständnis beseitigen. Vertrauen heißt niemals, dass ein anderer meine – vielleicht auch unausgesprochenen – Erwartungen erfüllt. Vertrauen heißt, ich lasse den anderen der sein, der er ist, in der Überzeugung, dass dies auch für mich das Beste ist. Auf Gott bezogen bedeutet das, dass ich Gott Gott sein lasse, also den unendlich Größeren, der all meine Möglichkeiten übersteigt und darauf verzichte, ihn zu meinem Werkzeug zu machen. Das beantwortet – zugegebenermaßen – noch nicht die Frage nach der Entstehung des Vertrauens, lässt uns aber klarer sehen.

Die Entstehung von Vertrauen zu beschreiben ist äußerst schwer, da es ein Vorgang im Menschen ist, der nur zu sehr geringen Teilen reflexiv, also im Denken des Menschen abläuft und der bei jedem Menschen anders ist. Vereinfacht gesagt, dem einen mögen schon zwei oder drei gute Erfahrungen mit einem Menschen ausreichen, um ihm Vertrauen zu schenken, dem anderen reicht das noch lange nicht. Für den einen reicht eine Enttäuschung aus, um Vertrauen zu zerstören, ein anderer kann großzügiger sein. Trotzdem glaube ich, ein paar Grundlinien im Entstehen von Vertrauen erkennen zu können. Zunächst einmal braucht es so etwas wie eine gemeinsame Wellenlänge, eine Sympathie für den anderen. Man spürt, mit dem kann ich gut, wir haben vielleicht denselben Humor usw. Manchmal kann das auch heißen, von jemandem beeindruckt zu sein, von der Tiefe seiner Gedanken, seiner reichhaltigen Lebenserfahrung. Das reicht jedoch noch nicht aus. Hinzukommen muss, dass ich Verlässlichkeit und Verschwiegenheit beim anderen erfahre. Ich erfahre, dass auf das Wort des anderen Verlass ist. Es kann sein, dass ich dem anderen etwas anvertraut habe – da steckt das Wort Vertrauen schon drin –, nichts ganz und gar Persönliches, nur einen Gedanken, und ich erkenne, dass der andere das, was ich sage, vertraulich behandelt, nicht gleich überall verbreitet. So wächst Vertrauen, und beim nächsten Mal weiß ich, da ist einer, dem kann ich auch wirklich Persönliches anvertrauen. Bei allem Wissen um die Schwierigkeit von Vereinfachungen lassen sich zwei Grundlinien im Entstehen von Vertrauen erkennen: irgendwie auf einer Wellenlänge zu sein, Sympathie zu empfinden und beim anderen Verlässlichkeit und Verschwiegenheit zu erfahren.

Diese Erkenntnis lässt sich auch auf das Gottvertrauen übertragen. Salopp gesagt: mit Jesus auf einer Wellenlänge zu sein, diese Erfahrung gehört in irgendeiner Form zu unserem Glauben. Das Neue Testament präsentiert uns zahlreiche Züge der Persönlichkeit Jesu, zahlreiche Möglichkeiten, uns mit ihm zu identifizieren. Mich persönlich beeindrucken besonders seine Gleichnisse, die in zeitloser Weise Entscheidendes im Leben auf den Punkt bringen, wie z.B. das Gleichnis vom barmherzigen Samariter, oder auch seine genialen, allzeit gültigen Antworten: Wer von euch ohne Sünde ist, der werfe den ersten Stein. Für andere mag es anderes sein, was sie an Jesus beeindruckt, für einen Kranken ist es eventuell das Wissen, dass Jesus auch gelitten hat. Jeder mag da seinen eigenen Zugang finden, aber irgendwie gehört es zu unserem Glauben dazu und ist Bedingung für die Entstehung von Gottvertrauen – so meine ich –, mit Jesus auf einer Wellenlänge zu sein, von ihm beeindruckt zu sein, ihn sympathisch zu finden, wie auch immer man das genau formulieren möchte.

Ein wenig schwieriger wird es schon bei der zweiten Grundlinie, bei der der Erfahrung von Verlässlichkeit. Ist auf Gottes Wort Verlass, so wie Jesus im Gleichnis behauptet? Kommt Gott uns nicht allzu oft – sagen wir es vorsichtig – fremd vor? Diese Fremdheit gehört nicht nur zur Gottesbeziehung, sie gehört auch zu unseren menschlichen Beziehungen, auch wenn wir sie dort weniger wahrnehmen oder wahrhaben wollen. Auch ein Freund oder Partner ist uns in manchem fremd – eben weil er ein anderer ist. Wenn ich die Beziehung aufrechterhalten will, muss ich damit umgehen. Wie sieht das in Bezug auf Gott aus? Immer wieder scheint Gott uns im Stich zu lassen, mutet uns Dinge zu, die uns zu schwer erscheinen. Wie lässt sich in dieser Fremdheit und durch diese Fremdheit hindurch Verlässlichkeit finden? Es gibt Momente, in denen Menschen enttäuscht von Gott sind, den Glauben aufgeben wollen. Eine alte und kluge Lebensregel sagt, der Mensch kann sich nur in ruhigem Wasser spiegeln, d.h. schwierige und grundsätzliche Entscheidungen sollten nur in einem ruhigen und klaren Zustand getroffen werden, nicht in Unruhe und Verwirrung. Eine Nacht darüber Schlafen ist ein vernünftiger Schritt. Der neue Tag ist oft – zumindest ein bisschen – ein Neubeginn, auch im Glauben. Plötzlich findet man doch wieder Halt in einem vertrauten Gebet, beispielsweise im Vater Unser, und der Glaube ist wieder ein sicherer Hafen, gerade wenn es stürmt. Es gibt keine Beziehung, auch keine vertrauensvolle Beziehung, in der es nicht auch Fremdheit gibt. Es lohnt sich, zur Ruhe zu kommen, einen neuen Tag beginnen zu lassen; ich bin der Überzeugung, dass so das Haltgebende des Glaubens aufs Neue erfahren werden kann, z.B. in einem vertrauten Gebet.

Gottvertrauen ist nichts Einfaches, offensichtlich musste Jesus diese Erfahrung mit seinen Jüngern auch schon machen. Mit jemandem auf einer Wellenlänge zu sein, ihn sympathisch zu finden und die Erfahrung von Verlässlichkeit sind m.E. Grundlinien beim Entstehen von Vertrauen. Das gilt auch für die Gottesbeziehung; irgendwie gehört es zu unserem Glauben dazu – so meine ich –, mit Jesus auf einer Wellenlänge zu sein, von ihm beeindruckt zu sein, wie auch immer man das genau formulieren möchte. Zu jeder Beziehung gehört aber auch die Erfahrung von Fremdheit, besonders auch zur Gottesbeziehung. Es braucht den Mut, zur Ruhe zu kommen, einen neuen Tag beginnen zu lassen, um in der Fremdheit und durch die Fremdheit hindurch wieder Verlässlichkeit zu entdecken. Vertrauen ist immer ein Wagnis.

Der Weg ist nicht das Ziel – Gott ist es

33. Sonntag im Jahreskreis (Lesejahr C; Mal 3,19-20b; Lk 21,3-19)

„Der Weg ist das Ziel", so lautet ein heute sehr beliebtes Zitat. Es bringt ganz offensichtlich die Weltsicht vieler Menschen auf den Punkt. Alles bleibt offen, ein letztes Ziel ist nicht erkennbar, also muss der Sinn, den man dann doch sucht, irgendwie im Unterwegs-Sein, in der Anstrengung selbst liegen. Die christliche Weltsicht unterscheidet sich grundlegend von solchem Denken. In erschütternden Bilder spricht Jesus im heutigen Evangelium vom Ende der Welt, das eben nicht vor allem ein Vergehen, sondern ein Vollendet-Werden, ein Ans-Ziel-Gelangen ist. „Wenn ihr standhaft bleibt, werdet ihr das Leben gewinnen", sagt er. Die Moderne hat uns ein solches Verständnis – so scheint es – beinahe unmöglich gemacht. Die Welt entfaltet sich nach mit naturwissenschaftlicher Methode erkennbaren Regeln, bevor sie irgendwann wieder zerfällt, vielleicht sogar schneller als gedacht, weil der Mensch sein

Scherflein zum Untergang der Welt, wie wir sie kennen, beiträgt. Was hilft uns, die wir Menschen unserer Zeit sind, die Botschaft Jesu zu glauben, was kann uns auch heute noch einsichtig machen, dass die Welt ein Ziel hat?

Haben Sie schon einmal einen Spaziergang gemacht, ohne je angekommen zu sein? Wohl kaum. Selbst wenn ich einfach nur spazieren gehe oder wandere, um mich zu bewegen oder die Natur zu genießen, will ich irgendwann wieder ankommen, zu Hause sein. Ein Weg ohne Ziel ist für uns Menschen eigentlich nicht denkbar. Unser Denken, Handeln, ja Leben ist zielgerichtet. All unsere kleinen Ziele erleben wir als umfasst von einem je größeren Ziel, nur so ergibt unser Handeln Sinn. Auch wenn wir diese Zielgerichtetheit ausdrücklich ablehnen oder gar nicht darüber nachdenken, so prägt sie doch unser Leben und Handeln. Ausgehend von dieser Erfahrung, entdecken wir ein solches Ausgerichtet-Sein auch in der Natur. Es ist ein Irrtum zu glauben, die Naturwissenschaft habe solches Denken widerlegt. Die Naturwissenschaft fragt nach dem Wie, nicht nach dem Warum oder Wozu. Wir Menschen können gar nicht anders, als auch die Natur von unserem Blickwinkel aus zu sehen. Nur im Vergleich mit unserem Erleben können wir Schlüsse ziehen, denn wir werden niemals wissen, wie es sich von innen heraus anfühlt, ein Baum zu sein. Ausgerichtet auf ein Ziel zu sein heißt in diesem Zusammenhang, sich auf Vollendung, auf eine Vollgestalt hin zu bewegen. Für den freien Menschen kann Vollendung aber nur aus der Freiheit selbst heraus entstehen, sie kann nichts sein, was einfach mit äußerer Notwendigkeit geschieht, so wie ein Wecker sich auf den Zeitpunkt seines Klingelns zubewegt, wenn er einmal eingestellt ist. Die Vollendung des freien Menschen kann nur durch eine Tat der Freiheit geschehen, sonst wird der menschlichen Freiheit ja die Spitze abgebrochen, und der freie Mensch wird nicht vollendet, sondern nur beendet. Der Mensch ist aus auf Vollendung, kann sich und die Welt aber selbst nicht vollenden, er verlangt von Wesen her nach einer Freiheit, die ihn und seine Freiheit ernst nimmt und vollendet: Genau das ist Gott. Die Zielgerichtetheit des freien Menschen und die Tatsache, dass der freie Mensch nur durch eine freie Tat vollendet werden kann, verweisen auf Gott, der allein den Menschen vollenden kann.

Was uns jedoch häufig daran zweifeln lässt, dass wir Menschen ein solches letztes Ziel erreichen werden, ist – so scheint es mir – die alltägliche Erfahrung, dass wir unsere Ziele nicht bzw. ganz selten genau so erreichen, wie wir uns das vorgenommen haben. Man steckt sich ein Ziel, vielleicht im Beruf dies oder jenes zu erreichen oder in der Freizeit, im Sport oder in der Musik, und immer wieder macht man die Erfahrung, dass es genau so, wie wir uns das vorgestellt haben, nicht klappt. Also das Ziel verfehlt? Auch unter dem Begriff „Ziel" kann man sich Unterschiedliches vorstellen, z.B. das Erreichen von irgendetwas Messbarem, am besten innerhalb einer bestimmten Zeit, so wie ein Politiker die Staatsschulden innerhalb von ein paar Jahren halbieren will, oder der Sportler bis zu den Meisterschaften seine Distanz in einer bestimmten Zeit laufen will. Das klappt dann mal oder auch nicht. Vollendung meint aber etwas anderes. Ein Künstler kann nicht dadurch bestimmen, wann sein Bild fertig ist, dass er eine bestimmte Menge Farbe auf sein Bild aufgetragen hat. Es braucht eher so eine Art künstlerischer Intuition, die ihm sagt: jetzt ist das Bild fertig. Im Alltag gibt es meiner Meinung nach eine ähnliche Erfahrung. Wenn zwei Menschen sich nach einem heftigen Streit vergeben, so bleibt doch noch eine gewisse Befangenheit zurück. Wenn alles gut geht, werden die beiden irgendwann das Gefühl haben, jetzt ist wieder alles in Ordnung, vielleicht nicht wie vorher, aber sie wissen, dass sie einander vertrauen können. Diesen Zeitpunkt kann man nicht vorhersagen, und man kann ihn auch nicht allein an äußeren Tatsachen festmachen – so wenig wie der Künstler messen kann, dass sein Bild fertig ist. Das meint Vollendung, nicht einfach das Erreichen bestimmter messbarer Zielsetzungen, sondern ein Angekommen-Sein, das der Mensch ahnt, intuitiv erfasst, sich aber einer Messung und einfachen Beschreibung entzieht. Um diese Vollendung geht es, wenn wir als Glaubende davon sprechen, dass die Welt ein Ziel hat. Jesus verwendet erschütternde Bilder von dem, was dieser Vollendung vorausgeht, und auch die Lesung aus dem Buch Maleachi spricht von einem Feuer. Vollendung heißt eben gerade nicht, dass einfach unsere Zielsetzungen erreicht werden, sondern dass auch manches erschüttert wird, dass wir uns auf Neues einstellen müssen, womit wir so nie gerechnet haben. Vollendung ist nichts, was der Mensch einfach plant und macht, und dessen Erfolg sich einfach messen lässt, sondern eher vergleichbar mit einer Ahnung, einer Intuition, dass etwas im tiefsten Sinne des Wortes gelungen ist.

Dass die Welt ein Ziel hat, gehört zum Grundbestand unseres christlichen Glaubens. Unser ganzes menschliches Leben ist zielgerichtet, ausgestreckt auf Vollendung. Doch die Vollendung des freien Menschen kann nur durch eine Tat der Freiheit geschehen, sonst wird der Freiheit ihre Spitze abgebrochen, und der Mensch wird nicht vollendet, sondern nur beendet. Diese Freiheit, in der die Freiheit des Menschen überhaupt gründet und die den Menschen vollendet, ist Gott. Vollendung ist nichts, was sich einfach planen oder gar herstellen und messen lässt, sie gleicht eher einer Intuition, einer Ahnung, dass etwas wirklich gelungen ist, solche Ahnungen begegnen uns immer wieder. Lassen wir uns deshalb nicht einreden, dass der Glaube an ein letztes Ziel des Menschen unmenschlich oder gar unsinnig ist, im Gegenteil: er ist zutiefst menschlich und sinnvoll. Wagen wir also den nächsten Schritt, denn wo immer er uns hinführen mag – eines ist sicher: er führt nicht ins Leere.

Wer einmal lügt, dem glaubt man nicht, und wenn er auch die Wahrheit spricht?!

Fronleichnam 2010 (Lesejahr C; Gen 14,18-20; 1 Kor 11,23-26; Lk 9,11b-17)

„Wer einmal lügt, dem glaubt man nicht, und wenn er auch die Wahrheit spricht", so sagt es der Volksmund und stellt damit eine hohe Hürde für Glaubwürdigkeit auf, eine Hürde, die bei genauer Betrachtung wohl niemand überspringen kann – auch nicht die Kirche. Nicht erst die letzten Wochen und Monate, sondern auch ein aufmerksamer Durchgang durch die Kirchengeschichte zeigen, dass die Kirche in ihren Gliedern und damit auch in ihren Repräsentanten und Amtsträgern fehlbar ist. Zugespitzt gesagt: einige dieser Amtsträger hatten niemals die Qualifikation für das Amt, das sie bekleideten. Kann die Kirche angesichts dieser Tatsache den Anspruch aufrechterhalten, die treue Überlieferin der Wahrheit Jesu sein, der Ort der Begegnung mit Gott? Oder sollte sie diesen Anspruch eher einkassieren?

Das Fronleichnamsfest, das wir heute feiern, scheint eine eindeutige Antwort zu geben. Mit den Worten „Tut dies zu meinem Gedächtnis", die wir in der zweiten Lesung gehört haben, setzt Jesus das Sakrament der Eucharistie ein. Augustinus hat ihr die bleibende Deutung gegeben: Wir empfangen, was wir sind, und wir sind, was wir empfangen: der Leib Christi. Das Sakrament ist allein Geschenk Gottes, seine Wirksamkeit hängt nicht davon ab, ob der Spender würdig ist oder nicht. Genau diese sakramentale Struktur der Kirche ist heute offensichtlich für die meisten Menschen nicht mehr annehmbar. Spuren Gottes leuchten – so die gängige Meinung – vielleicht im glaubwürdigen Lebenszeugnis Einzelner auf, aber nicht in einer vorgegebenen Struktur, also immer dann, wenn ein Priester die Worte Jesu wiederholt: „Das ist mein Leib!" Leere Kirchen auf der einen Seite, überfüllte Veranstaltungen mit Anselm Grün auf der anderen Seite sind ein Beispiel für die Suche nach solcher Glaubwürdigkeit. Auch Margot Käßmann ist ein passendes Beispiel. Mit ihrem souveränen Rücktritt gelang es ihr, ihre Glaubwürdigkeit wiederherzustellen und ihre Integrität in den Augen der Menschen zu bewahren. Wie soll es also weitergehen? Sollen Sakramente nur noch als Rituale verstanden werden, die den Raum für die Begegnung mit einer glaubwürdigen Persönlichkeit geben? Oder sollen wir genau umgekehrt auf den objektiven, von der Person unabhängigen Vollzug der Sakramente setzen, wie es z.B. Gruppierungen wie die Pius-Bruderschaft fordern?

Beides scheinen mir Extreme zu sein, die nicht mit dem Zeugnis zweier christlicher Jahrtausende vereinbar sind. Sehen wir auf den heiligen Franziskus, der in der Kirchenkrise des 13. Jahrhunderts großen Einfluss hatte. Es waren seine Persönlichkeit und sein Charisma, die viele Menschen anzogen, dennoch war es ihm wichtig, Teil der Kirche zu sein und in ihren Strukturen zu bleiben, so schwierig das mitunter war. Ähnliches lässt sich über den heiligen Ignatius von Loyola sagen, der im 16. Jahrhundert wirkte, als die Kirche unter dem Ansturm der Reformation aufgrund ihrer Missstände zu zerbrechen drohte. Auch er wirkte mit seinem Orden in und mit der Kirche, auch hier mit vielen Schwierigkeiten, ein Papst erwog sogar noch zu Lebzeiten des Ignatius die Auflösung seines Ordens. Dies sind nur zwei von vielen möglichen Beispielen, die dasselbe belegen: Es braucht die Glaubwürdigkeit Einzelner, die gestützt und getragen wird von der objektiven, vom Einzelnen unabhängigen Struktur der Kirche. Diese Struktur muss eine Art Gerüst oder Korsett sein, das den Einzelnen hält und trägt. Anders funktioniert es auf Dauer nicht. Wenn es einzig und allein auf die objektive Struktur ankäme, auf die gültig vollzogenen Rituale und Handlungen so würde der christliche Glaube allzu schnell erstarren und leblos werden und sich bald selbst überflüssig machen. Doch auch eine Religion, die nur auf der Glaubwürdigkeit Einzelner baut, hat keine Zukunft. Einseitige Heldenverehrung funktioniert auf Dauer nicht, sie überfordert den Helden und nutzt sich irgendwann ab.

Trotzdem scheinen heutzutage das Einzige, was Menschen mit religiösen Fragen in Berührung bringt, die Glaubwürdigkeit und das Charisma einzelner Persönlichkeiten zu sein. Die Kirche muss versuchen diese Chance zu nutzen, sie muss aber an ihrer objektiven, sakramentalen Struktur festhalten, in der sie das Erbe Jesu und der ersten Christen erkennt. Wo die Erreichbarkeit Gottes nur noch in besonderen menschlichen Begabungen und im glaubwürdigen Auftreten Einzelner gesehen wird, geht die Mitte des Christentums verloren. Gott wird ein Mensch, und ist auch da, wo Menschen nicht glaubwürdig sind, man denke an die Zöllner, die als Kollaborateure der römischen Besatzer verachtet sind. Man denke an die Apostel, die weggelaufen sind, an Petrus, der Jesus verleugnet hat. Das Wunder der Brotvermehrung, von dem wir im Evangelium gehört haben, geschieht da, wo die Apostel – wieder einmal – überfordert sind. „Wir haben nicht genug zu essen", sagen sie, und es stimmt ja auch. Erst das Wunder Jesu verwandelt das bisschen, das die Apostel zu bieten haben, in etwas, von dem die Menschen satt werden können. Menschwerdung Gottes heißt, dass er sich in bedingungsloser Weise an uns Menschen bindet, er sagt „ja" zu uns ohne Wenn und Aber. Das macht eben die sakramentale, objektive Struktur der Kirche aus. Es ist Gottes Geschenk, dass wir seine Kirche sein dürfen, es ist Gottes Geschenk, dass wir Jesus in der Eucharistie empfangen dürfen, nicht die Leistung eines noch so glaubwürdigen Menschen, nicht das Ergebnis einer bestimmten moralischen Integrität. Wo wir das vergessen, berauben wir das Christentum seiner Mitte. Wir würden uns und unsere Fähigkeiten in die Mitte setzen statt des menschgewordenen Gottes. Gerade deshalb muss die Kirche auch zu ihrer Schwäche und zu ihrer Schuld stehen.

Darf die Kirche nun ihren Anspruch aufrechterhalten, die Wahrheit Jesu zu überliefern – trotz ihrer Schwäche und Fehlbarkeit? Sie darf nicht nur, sie muss, auch weil Glaube sonst nicht weitergegeben werden kann. Religion kann nur in einer Verbindung von Subjektivität und Objektivität dauerhaft bestehen. Die Glaubwürdigkeit des Einzelnen muss durch das Gerüst einer allgemeinen, vom Einzelnen unabhängigen Struktur gehalten werden. Eine Auflösung in die eine oder andere Richtung würde die Religion auf Dauer zerstören. Wo es nur um gültig vollzogene Rituale geht, herrscht Erstarrung und Leblosigkeit, wo allein der charismatische Einzelne bestimmt, nutzt sich solche Heldenverehrung ab, und alles zerbricht und löst sich irgendwann auf. Gott hat sich in seiner Menschwerdung bedingungslos an diese Welt gebunden, gerade das zeigt die sakramentale Struktur der Kirche, die nicht einfach nur auf dem Einzelnen und seinem Charisma beruht. Es ist Gottes Geschenk, dass wir seine Kirche sein dürfen, es ist Gottes Geschenk, dass wir Jesus in der Eucharistie empfangen dürfen, nicht unsere Leistung. Für alle Glieder der Kirche gilt: Es ist das Wunder Gottes, das aus dem bisschen, was wir zu bieten haben, etwas machen kann, was die Menschen sättigt.

„Ein guter Mensch gibt gerne acht, ob auch der andere was Böses macht . . ."

Allerheiligen 2010 (Mt 5,1-12a)

„Ein guter Mensch gibt gerne acht, ob auch der andere was Böses macht, und strebt durch häufige Belehrung nach seiner Beßrung und Bekehrung", so charakterisiert Wilhelm Busch in seiner Bildergeschichte „die fromme Helene" die Heuchelei der Frommen: den anderen überwachen und belehren wollen, um so von der eigenen Schlechtigkeit abzulenken. Buschs Karikatur des Frommen in Wort und Bild wirkt bis in unsere Tage; Frömmigkeit hat keinen guten Ruf, sie scheint gleichbedeutend mit Unfreiheit und Doppelmoral und – seit den Terroranschlägen des 11. September – manchmal sogar mit Fanatismus. Was halten wir als Christen dem entgegen? An einem Tag wie heute, an dem wir die Gesamtheit der Heiligen feiern, liegt die Frage besonders nahe: was unterscheidet gelebten Glauben von seinen Fehlformen wie Aberglaube und Bigotterie?

Aggressive Gegner der Religion wie der Brite Richard Dawkins versuchen der Frage nach Gott jede Vernünftigkeit abzusprechen und wollen so jede Form von Religion als sinnlosen Aberglauben oder kindlich-naiven Glauben an den Nikolaus diffamieren. So liefern uns die modernen Kämpfer gegen die Religion selbst einen Unterschied zwischen Aberglauben und Glauben: nur indem sie der Frage nach Gott jede Vernünftigkeit absprechen, können sie den Glauben an Gott mit all seinen Fehlformen in einen Topf werfen. Wo Glaube die Vernunft ausklammert, wird er zum Fanatismus oder zum Aberglauben, der sich auf die Beobachtung der Sterne oder auf magische Rituale beschränkt. Die Frage nach dem Sinn, nach der Ewigkeit und nach Gott gehört zum Menschen. Der Mensch hat aber Herz und Hirn, Gefühl und Vernunft, ich darf auch bei der Religion das Denken nicht ausklammern. Keine Religion außer dem Christentum hat eine so lange Tradition des Nachdenkens über den Glauben. Dazu gehören auch immer das Gespräch und der Austausch, auch mit denen, die vor mir nach Gott gefragt haben, das geschieht in der Auseinandersetzung mit der Tradition. Wo Argumente etwas zählen, wo dem Menschen auch der Weg zugebilligt wird, nach und nach tiefer in den Glauben einzudringen, wo erkannt wird, dass die Wahrheit letztlich unser Fassungsvermögen übersteigt, da sind die besten Heilmittel gegen all die Fehlformen des Glaubens, auch wenn sie tragischerweise nicht immer genutzt wurden oder werden.

Die meisten Fehlformen des Glaubens eint ein Missverständnis: den Weg zu Gott eigenmächtig abkürzen zu können, vielleicht sogar – in bestimmten Grenzen – über Gott bestimmen zu können. Vereinfachungen auf dem Weg zu Gott, die von Menschen gemacht sind, sind falsch, den schlichten und unmittelbaren Weg zu Gott kann uns nur Gott selbst weisen. Die spannende Frage ist nun: woran erkennt man den Unterschied? Menschlich gemachte Abkürzungen zu Gott sind im Wesentlichen leicht zu gehen – auch wenn von denen, die sie gemacht haben, das Gegenteil behauptet wird –, sie brauchen meist nur ein bisschen Selbstdisziplin; wenn man sich an ein paar Regeln hält, ist der Erfolg – also der sichere Weg zu Gott, das erfüllte Leben, die gelungene Beziehung zum Übernatürlichen – garantiert. Ein bisschen Nachdenken zeigt doch: Ein Gott, über den ich verfügen kann, bei dem ich so leicht Erfolg habe, ist nicht Gott. „Selig, die arm sind vor Gott, denn ihnen gehört das Himmelreich." Der schlichte, unmittelbare Weg zu Gott verläuft da, wo ich erst mal nichts Leichtes, nichts Erfolgversprechendes erkennen kann, wo ich seine Schlichtheit und Klarheit erst erkennen kann, wenn ich den Weg zur Gänze vor mir liegen sehe. „Selig die Trauernden . . . selig seid ihr, wenn ihr verfolgt werdet", sagt Jesus. Das klingt seltsam, nicht nach Erfolg. Erst der Weg Jesu selbst, sein Tod und seine Auferstehung haben seine Worte in einem neuen Licht erscheinen lassen. Ist das nicht auch das Geheimnis der Heiligen? Wenn wir ihr Leben betrachten, entdecken wir eine große Schlichtheit in ihrem Weg zu Gott, nichts Künstliches, nichts Antrainiertes, ja selbst wenn die ein oder andere Sackgasse dabei war, scheint es doch im Nachhinein ein unmittelbarer Weg zu Gott gewesen zu sein, eben ihr ganz persönlicher Weg, der nicht anders verlaufen konnte. Der schlichte Weg zu Gott leuchtet nicht einfach von vornherein ein, je mehr wir davon sehen, desto eher erscheint seine Klarheit und Schlichtheit. In Vollendung wird das am Weg Jesu selbst deutlich, erst von seiner Auferstehung her ist er wirklich zu verstehen, der Weg Jesu ist der Weg zu Gott schlechthin.

Um dies zu erkennen und den Weg Jesu zu gehen, braucht der Mensch Freiheit. Die Fehlformen und Missverständnisse des Glaubens haben meist auch gemeinsam, dass sie die Freiheit fliehen. Die Vielzahl der Möglichkeiten verwirrt und bürdet dem Menschen eine hohe Last und Verantwortung auf. Deshalb ist es in gewissem Sinne durchaus menschlich, vor der Freiheit fliehen zu wollen. Manche tun das, indem sie ein religiöses System wählen, in dem Freiheit nicht vorkommt. Viele weichen der Freiheit aus, indem sie ihre Folgen einfach nicht wahrhaben wollen und ihre Verantwortung verneinen. Beides ist falsch. Freiheit hat uns Gott geschenkt, damit wir unseren Weg zu ihm finden können. Glauben heißt auch, in der Fülle der Möglichkeiten – die zugegebenermaßen noch nie so groß war wie heute – das Bleibende zu suchen. So kann mitten in den zahllosen Begegnungen, die ein Tag, ein Monat oder ein Jahr bereithält, die Begegnung mit einem Menschen geschehen, der mir zum Freund wird – und das nicht in einem oberflächlichen Sinn des Wortes. Romano Guardini, der große Theologe und Religionsphilosoph, sagte einmal: „Der Mensch ist dann frei, wenn er geworden ist, was er seinem Wesen nach sein soll."

Es gibt einen Unterschied zwischen gelebtem Glauben und bestimmten Fehlformen wie Aberglaube oder Fanatismus. Wo ich die Vernunft aus der Religion ausklammere, sind solche Fehlentwicklungen praktisch unausweichlich. Wo Argumente etwas zählen, wo dem Menschen auch der Weg zugebilligt wird, nach und nach tiefer in den Glauben einzudringen, wo erkannt wird, dass die Wahrheit letztlich unser Fassungsvermögen übersteigt, da sind die besten Heilmittel gegen all die Fehlformen des Glaubens. Wo der Mensch eigenmächtig den Weg zu Gott abkürzen will, scheitert er. Der schlichte, unmittelbare Weg zu Gott leuchtet nicht von vornherein ein, erst nach und nach erscheint er in seiner Klarheit und Größe. So ist der Weg Jesu der Weg zu Gott schlechthin. Diesen Weg kann ich nur in Freiheit gehen. Religion, die die Freiheit so weit wie möglich ausschließen will, ist kein Weg zu Gott. In der Fülle der Möglichkeiten das Bleibende zu suchen – auch das ist gelebter Glaube. Der Weg zu Gott ist im letzten schlicht und klar, aber nicht einfach und kurz. Ist es nicht im Leben auch so? Wer immer nur Abkürzungen gehen will, der verpasst das Eigentliche.

„Wo der Geist des Herrn wirkt, da ist Freiheit!"

St. Martin 2010 (Jes 61,1-3a; Mt 25,31-40)

„Wo der Geist des Herrn wirkt, da ist Freiheit!", so lautet ein Zitat des Apostels Paulus aus dem Zweiten Korintherbrief, das zugleich der bischöfliche Wahlspruch des Münchner Erzbischofs Marx ist. Die meisten Menschen dürften das wohl eher anders sehen. Der christliche Glaube steht nicht gerade im Ruf, die Freiheit in besonderer Weise zu fördern, im Gegenteil: Der Glaubende muss – so scheint es offenbar vielen – seine Freiheit abgeben und sich so genannten göttlichen Geboten unterordnen bzw. der Macht der Institution Kirche, die behauptet, diese Gebote zu bewahren und richtig auszulegen. Dennoch: Freiheit ist in der Bibel ein großes Thema, im Alten wie auch im Neuen Testament wird Gott als Befreier, als Urheber von Freiheit nicht nur beschrieben, sondern auch erlebt: „damit ich den Gefangenen die Entlassung verkünde und den Gefesselten die Befreiung", so wird der Prophet beauftragt.

Geht das nun doch zusammen: Gott und meine Freiheit? Und wenn ja: wie prägt der Glaube an Gott diese meine Freiheit?

„Was ihr für einen meiner geringsten Brüder getan habt, das habt ihr mir getan", dieses Wort aus dem heutigen Evangelium gehört für mich zu den wichtigsten des Neuen Testaments. Es macht deutlich, wer Gott ist: nicht ein König, der zu ein paar Almosen verpflichtet, sondern einer, der selbst in seiner Menschwerdung den letzten Platz eingenommen hat, dessen Liebe zu den Menschen so groß ist, dass der, der behauptet, Gott zu lieben, die Menschen nicht hassen darf. Dieser Gott ist ein Befreier, der uns Freiheit noch einmal in einem tieferen Sinne erkennen und erfahren lässt. Freiheit erreicht erst ihre Vollgestalt, wenn sie sich immer wieder dem Schwächeren zuwendet, wenn sie nicht nur die Umsetzung der eigenen Interessen ist, das heißt nicht, die Hilfe für den anderen als Teil der wohlverstandenen eigenen Interessen zu verstehen, nach dem Motto „eine Hand wäscht die andere", sondern als Absehen vom eigenen Vorteil; die Gerechten des Evangeliums sind ja ahnungslos, sie verstehen gar nicht, worauf Jesus hinaus will. Freiheit zerstört sich selbst, wenn sie nur die eigenen Interessen verfolgt, wie man die auch immer definieren mag. Als Umsetzung der eigenen Bedürfnisse ist sie nur ein müder Abklatsch der tierischen Instinkte, die eben dies mit viel größerer Sicherheit leisten. Es zeichnet den Menschen ja aus, macht ihn zum Menschen, dass er diese Steuerung durch die Instinkte jedenfalls so nicht hat, sondern den anderen als Mit-Menschen begreifen kann, der grundsätzlich dieselben Hoffnungen und Ängste hat. Freiheit, die nur den eigenen Interessen folgt, die nicht auch die Zuwendung zum Schwächeren wagt, zerstört sich selbst, weil sie ihre Größe verliert und im entscheidenden Moment zu versagen droht, da sie keinen Mut mehr hat. Freiheit lebt in den wichtigen Augenblicken vom Mut zum Wagnis, von Entscheidungen, die nicht schon vorhersehbar sind. Ich meine nicht nur die großen Lebensentscheidungen, sondern auch manche kleine Geste, die mir vielleicht so keiner zugetraut hätte. Freiheit, die nur den eigenen Interessen folgt, ist dazu nicht in der Lage.

Freiheit, die auch auf den Schwächeren schaut – was gut klingt, mag dem einen oder anderen trotzdem sauer aufstoßen. Ist das nicht wieder eine Verpflichtung, die meine Freiheit unzulässigerweise einengt? „Die Freiheit, sich nicht zu binden" verspricht ein Werbesspot, der mir schon ein paar Mal im Fernsehen aufgefallen ist. Ein äußerst kluger Schachzug, das muss ich zugeben, ist die Unlust sich zu binden doch wohl ein herausragendes Kennzeichen des modernen Menschen. Hier liegt wahrscheinlich eine der Hauptschwierigkeiten im Verhältnis von Glaube und Freiheit – zumindest aus der Sicht unserer Zeit. Versteht man heute seine Freiheit vor allem als Freiheit, sich nicht zu binden, scheint der Glaube vor allem Bindung zu verlangen, z.B. an göttliche Gebote oder ans einmal gesprochene Ja in der Ehe. Freiheit, sich nicht zu binden, ist aber keine Freiheit, sondern Hilflosigkeit, die Unfähigkeit mit verschiedenen Möglichkeiten umzugehen. Heißt Freiheit nicht auch, etwas zu tun, was kein anderer tun kann oder zumindest nicht so wie ich es tun kann? Doch Tun und Handeln setzen immer die Bindung an einen bestimmten Ort, eine Begegnung, einen Augenblick voraus. Auch Gott hat sich an einen Ort gebunden in seiner Menschwerdung und in seiner Selbstbindung an den Schwachen. Freiheit muss zum Handeln befähigen, sonst ist sie nur Hilflosigkeit, Handeln setzt aber immer die Bindung an etwas Konkretes voraus: an einen Ort, einen Moment, eine Aufgabe usw. Ein Bauer kann einen Acker nicht umpflügen, wenn er ihn nicht abgegrenzt hat, ein Maler kann kein Bild malen – ohne einen eingegrenzten Ort wie z.B. eine Leinwand. Freiheit ohne Bindung gibt es nicht.

Eine Form des Handelns ist auch das Loslassen, das Freigeben. Erst darin vollendet die Freiheit sich. Wer immer besitzen will, der wird selbst von seinem Besitz besessen. In der Fähigkeit loszulassen zeigt sich, ob die Freiheit nur äußerlich ist oder auch mein Innerstes durchdrungen hat. Im Loslassen sind Liebe und Freiheit in höchster Weise verschränkt, denn Liebe gibt frei und wächst nur in Freiheit. Hier ist der Glaubende im Vorteil. Er kann ganz und gar loslassen, auch sich selbst, weil er sich nicht erfinden muss, weil Gott ihn erschaffen hat. Wer nicht glaubt, muss irgendetwas festhalten, eine bestimmte Vorstellung von sich selbst – und wenn es nur der Wunsch ist, sich ständig neu zu erfinden – oder eine Idee vom Leben – und wenn es nur die Idee ist, dass es am besten ist, einfach so in den Tag hineinzuleben. Der Einwand, der Glaubende müsse eben seinen Glauben festhalten, seine kleinlichen Gebote und Vorschriften usw., trifft nicht zu bzw. beruht auf einem falschen Verständnis von Glauben. Glauben ist kein Festhalten, sondern ein Loslassen in die Hände Gottes hinein. Mir ist bewusst, dass dies nicht von heute auf morgen gelingt, sondern ein langer Weg ist. So ist das Leben.

Glauben und Freiheit gehören zusammen, der Glaube hilft, die Freiheit tiefer zu erfassen und zu leben. Freiheit zerstört sich selbst, wo sie nur den eigenen Interessen folgt, und sich nicht auch dem anderen, dem Schwächeren zuwendet, weil sie so ihre Größe und ihren Mut verliert. Freiheit heißt immer auch, etwas zu tun, was nur ich tun kann, oder zumindest keiner so wie ich tun kann. Freiheit muss also zum Handeln befähigen, Handeln setzt die Bindung an etwas Konkretes voraus: einen Ort, einen Moment, eine Aufgabe. Freiheit, die sich nicht binden will, ist nicht Freiheit, sondern Hilflosigkeit. Auch Loslassen ist eine Form des Handelns, und zwar eine, die wesentlich zur Freiheit gehört. Der Glaubende muss letztlich nichts festhalten, er kann alles in Gottes Hände legen. Gebe Gott, dass uns das jeden Tag mehr und mehr gelingt.

Printed by Books on Demand GmbH, Norderstedt / Germany